Avec des « si ».
Journal étrange

PERSPECTIVES CRITIQUES

Collection dirigée par Roland Jaccard

Marcel Conche

AVEC DES « SI ». JOURNAL ÉTRANGE

Presses Universitaires de France

ISBN 2 13 055460 1

Dépôt légal — 1re édition : 2006, février

6, avenue Reille, 75014 Paris

Avant-propos

J'en étais arrivé au soixante-cinquième chapitre de ce « Journal », qui n'en est pas un, lorsque je me suis interrogé sur ce que j'étais en train de faire, et il m'est apparu que ce n'était rien d'autre qu'« enregistrer » les réflexions qui me venaient à l'esprit certains jours, sans préméditation ni suite, comme Montaigne lui-même avait fait dans ses premiers essais, ceux des livres I et II de l'édition de 1580. Or, il écrit ceci : « Qui ne voit que j'ay pris une route par laquelle, sans cesse et sans travail, j'iray autant qu'il y aura d'ancre et de papier au monde ? » Je puis dire la même chose, si ce n'est que, pour une fois, il est quelque peu oublieux de la mort.

15 août 2005.

I

Si ma mère eût vécu

Vers le milieu du XIXe siècle, le médecin hongrois Semmelweis (1818-1865), qui exerçait à Vienne, avait reconnu, avant Pasteur, le caractère infectieux de la fièvre puerpérale, et préconisé l'asepsie lors de l'accouchement. Si sa méthode, au lieu d'être dénigrée par ses confrères jaloux mais qui avaient plus de notoriété, avait été adoptée par le corps médical, le Dr Mage, qui soignait ma mère, ne l'eût pas laissée mourir, et toute ma vie en eût été changée.

J'aurais été différent. En quoi ? Jusqu'à quel point ? Sans doute m'eût-il été plus difficile de renier la foi catholique dans laquelle j'ai été élevé, car cela eût fait de la peine à ma mère. Cependant, comme je ne reçois guère que les croyances que la raison autorise, le moment fût fatalement venu où j'eusse rejeté les arrière-mondes et les fictions transcendantes. Ma mère ne m'en eût pas moins aimé, bien que n'allant pas jusqu'à abandonner, par amour pour moi, sa propre foi, comme le fit ma grand-mère maternelle.

Ma grand-mère Marie m'aima d'un plus extrême amour, peut-être, que n'eût été celui de ma mère, car ma mère, qui n'avait que 28 ans à ma naissance, eût eu d'autres enfants, alors que « maman Marie », comme je l'appelais, n'eut d'autre petit-fils que moi durant toute mon enfance. À son amour pour moi, guère tendre, guère indulgent et quelque peu farouche, s'ajoutait celui que les sœurs de ma mère me portaient et qui avait plus de douceur. Je n'ai pas manqué d'amour, et de cet amour qui vous persuade que vous êtes unique, et qui fortifie. J'ai pourtant la nostalgie de l'amour que ma mère m'eût donné – si l'on peut avoir la nostalgie de ce que l'on n'a pas connu.

Cet amour est présent par son absence. J'ai toujours eu le sentiment qu'il me manquait quelque chose, sans pouvoir dire quoi. Certes, je puis dire que ce qui me manque est que l'on m'ait parlé de ma mère, de sa façon d'être, et d'elle avec sa mère, ou avec ses sœurs, ou allant à la messe le dimanche et peut-être chantant ou jouant de l'harmonium, ou allant garder la chèvre (dont le lait m'a nourri), ou allant aux champs, ou noisillant les soirs d'hiver avec ses sœurs et un jeune homme venu « aider », qui fut mon père, ou allant à la fête des Corps Saints le premier dimanche de septembre à Beaulieu, et aussi de ses lectures, de ses préférences en tous domaines, et de son humeur, de sa gaieté, enfin ce qui m'a manqué est d'avoir des photos où l'on voie son sourire. Mais au-delà de tout cela, de ces manques divers, gît un manque plus profond, plus essentiel, et que rien en ce monde ne peut, ne pourra combler – et quand je dis « en ce monde », je n'entends pas qu'il y en ait un autre. Car je ne puis songer à ma mère que comme une créature terrestre, vivant sur cette Terre, lui donnant sens et présence.

Si ma mère eût vécu, j'aurais eu un père très différent – un père heureux –, non que ma tante Alice ne lui ait pas donné un certain bonheur, surtout après la naissance de Michèle et de Guy, sources de joie pour tous, mais ce n'était pas le bonheur universel qui anime toutes les fibres de l'âme, éclaire toutes les heures, donne une tonalité de joie à toutes les paroles, car la souffrance toujours égale était là, que rien ne pouvait compenser, ni adoucir. Et la cause de cette souffrance était là, inconsciente – car on ne m'avait rien dit –, innocente, objet cependant d'un obscur ressentiment, qui une fois déborda, lorsque mon père, pour me punir d'avoir sciemment désobéi, me frappa avec une brutalité excessive. Cet acte de désobéissance ne fut qu'un accident, qui, sans l'intervention de ma grand-mère paternelle venue à mon secours, eût pu me laisser infirme. D'ordinaire, je m'appliquais à ne donner à ce père que je craignais, tout en l'aimant, aucune prise, aucun motif de reproche, et même à mériter son approbation, voire ses félicitations, tant par mes résultats scolaires que par mon travail dans les vignes ou les champs – félicitations que pourtant je n'obtenais pas, mais qu'un jour ma grand-mère Françoise me donna à table ostensiblement, mon père restant muet. Il ne m'interdit jamais de « sortir » le dimanche, de rencontrer des amis ou qui eussent pu le devenir, et des jeunes filles peut-être, mais je fis toujours comme si l'interdiction était là, comme si l'amour était quelque chose dont mon père ne devait jamais soupçonner que je l'aie rencontré. Et sinon, comment expliquer que, lorsque ma femme vint plus tard dans la maison paternelle, je n'eus jamais avec elle, dans cette maison, une relation d'amour ? Mon père, qui se prénommait Romain, avait toute la fermeté, la raisonnabilité, le sens de la famille, le souci du bien collectif, la fidélité à ses principes, le manque de sentimentalité et de tendresse d'un vieux Romain : ainsi du moins apparaissait-il – mais le « manque » dont je parle était plus apparent que réel. Il eut des moments de sensiblerie. Ce qu'il eût été « si »..., je ne puis l'imaginer. Lorsque je m'y efforce, je retombe sur ce qu'il fut. Je m'accommode mal d'ailleurs de ce père supposé tendre, attentionné, marquant de l'intérêt pour ma personne. Car tel que je suis, je me suis construit en fonction d'un père lointain, sévère, olympien ; je me suis fortifié, je me suffis, et je ne suis nullement disposé à étaler à un regard même bienveillant, les replis de mon âme. Je n'imagine pas un père qui eût été mon confident, voire mon ami. Mon père a été un exemple fortifiant, qui m'a retenu de toute concession ou faiblesse pour moi-même – cela parce que j'adhérais profondément à son être.

II

Si la guerre de 1870 n'eût pas eu lieu

Si la guerre de 1870 n'eût pas eu lieu... Voilà une supposition très étrange, et même très absurde.

Car il ne sert à rien de dire :

Si Eugénie Marie de Guzman de Montijo n'eût pas été du parti de la guerre, voyant déjà son fils à la tête d'un Empire fort et nimbé de gloire (son fils destiné pourtant à n'être que la misérable victime, en Afrique australe, de Zoulous embusqués), face à la Prusse jadis humiliée, maintenant nous humiliant, au reste pressant avec raison les Niel, les Lebœuf, de fortifier l'armée ; si les Ollivier, les Gramont n'avaient pas pris la mouche – ou fait semblant – pour avoir lu, dans la dépêche d'Ems, que Sa Majesté le roi de Prusse « avait refusé de recevoir à nouveau l'ambassadeur français et lui avait fait dire qu'elle n'avait plus rien à lui communiquer », s'ils avaient entendu Benedetti leur disant qu'avant de quitter Ems, Guillaume, l'accueillant dans le salon de la gare, l'avait assuré que son gouvernement poursuivrait les négociations ; si le Corps Législatif eût écouté Thiers demandant que l'on ne se jetât pas dans des querelles de mots, que l'on ne rompît pas sur une question de forme, alors qu'il s'agissait de verser ou non, des torrents de sang...

Tout cela, dis-je, il ne sert à rien de le dire, car la guerre était résolue du côté prussien. Marx a dit que la guerre, du côté allemand, fut d'abord défensive (jusqu'à la chute de l'Empire). Faux ! Dès 1866, le ministre Schleinitz avait dit que l'Alsace serait avant peu allemande, Moltke assurait à un notable badois que les départements du Rhin seraient bientôt réunis au pays de Bade : « Rien ne peut empêcher la guerre », disait la comtesse de Pourtalès à Ducrot. Lorsque Bismarck rédigea la « dépêche d'Ems », il dînait à Berlin avec Moltke, le chef d'état-major, et Roon, le ministre de la Guerre. Il les consulta ; ils jugèrent qu'elle aurait l'effet souhaité.

« Si la guerre de 1870 n'eût pas eu lieu... » Autant dire : « Si Bismarck n'eût pas existé. » Mais Bismarck a existé, créant, par l'annexion de l'Alsace et d'une partie de la Lorraine, l'esprit de revanche dans la France humiliée, d'où résultèrent, avec l'Entente cordiale et l'alliance franco-russe prévue par Marx, l'inévitabilité de la Première Guerre mondiale, la quasi-inévitabilité de la seconde, la défaite allemande de 1918, la défaite allemande de 1945, l'abaissement de l'Allemagne, pays que l'on peut, disait Condolezza Rice en 2004, se permettre, aujourd'hui, d'« oublier ». Bismarck était un grand politique, mais à courte vue : chose contradictoire.

Il y a des « si » qui n'ont guère de sens, car ils rendraient irréel tout ce qui a été et est pour nous la « réalité ». En revanche, je puis facilement supposer que mon père, au lieu d'être blessé, comme il le fut en Champagne en 1918, y eût laissé sa vie. Que serait-il advenu ? Beaucoup de choses eussent été différentes. Je n'eusse pas vécu. Ma mère se serait mariée avec Émile, Marius ou Firmin ; tout autour d'elle, elle aurait donné du bonheur. Ma femme ne se serait pas mariée, ce qui lui aurait laissé une insatisfaction, un regret, même une sorte d'humiliation, mais qui ne l'aurait pas empêchée d'avoir des contentements nombreux auprès de ses élèves comme Lise, Inge, Noëlle ou autres, de ses amis ou amies, comme France, André, Nicole ou autres. Mon œuvre philosophique n'eût pas existé, ce que certains jugeront regrettable, d'autres ne voyant là rien à regretter. Ces derniers se trompent : je crois avoir philosophé avec une sincérité rare et, à ma façon, fort dissemblable de toute autre.

Si mon père, évoquant, comme cela lui arrivait parfois au repas du soir, les combats auxquels il prit part, n'avait pas montré seulement le côté horrible de la guerre (selon Bertrand de Born, elle a un autre côté), parlant, par exemple, de son ami Bengloan, tombé à côté de lui lors d'une attaque, hurlant de douleur et qu'il devait abandonner sans secours, car il était obligé d'aller de l'avant, s'il eût tenu, dis-je, un autre discours, en eussé-je été moins décidément et obstinément pacifiste ? Il me semble qu'à cet égard, l'influence de mon père n'a fait que confirmer l'option de ma raison. « Agis, dit Kant, d'après une maxime telle que tu puisses vouloir en même temps qu'elle devienne une loi universelle. » J'ai commenté ce texte un dimanche après-midi, au lycée de Tulle, alors qu'étant « collé » pour rébellion au réfectoire, je devais rédiger une dissertation sur le devoir moral. Kant me donnait une formule pour ce dont je portais déjà en moi l'évidence. Car il me paraissait clair depuis toujours qu'il appartenait à chaque homme appelé à la guerre, de dire « non » à cette absurdité et donc de se soustraire à l'incorporation et à un prétendu « devoir » qui n'avait rien d'un devoir moral. J'ai précisé plus tard que l'étendard du pacifisme ne saurait être brandi si le moment était passé où l'ennemi pouvait entendre raison : alors, en effet, le pacifisme se trouverait en contradiction avec son sens universel. En ce cas, le pacifiste doit avoir une conduite limitée à lui-même, se gardant de lui donner un caractère exemplaire. Il pourra laisser croire à sa lâcheté.

III

Si j'étais né riche

« Si j'étais riche, écrit Rousseau, j'aurais fait tout ce qu'il faut pour le devenir : je serais donc insolent et bas, sensible et délicat pour moi seul, impitoyable et dur pour tout le monde, spectateur dédaigneux des misères de la canaille, etc. »

Rousseau se borne à faire de cette supposition l'occasion d'une charge contre les riches – ne songeant d'ailleurs qu'à ces riches qui le sont devenus par eux-mêmes, qui sont des *parvenus* –, sans examiner s'il eût jamais pu « faire ce qu'il faut » pour devenir riche, si une telle ambition pût être compatible avec le Rousseau qu'il est : très claire, en effet, est l'évidence du contraire.

Voir dans la richesse, le pouvoir, les honneurs, des objectifs dignes de mon intérêt et de mes efforts, cela a toujours été radicalement étranger à ma nature. Ils sont tellement *rien* que je ne puis même pas dire avoir pour eux du mépris. Supposer que je puisse faire ou aie pu faire « ce qu'il faut » pour devenir riche, serait me supposer autre que moi. « Mais la fortune, dira-t-on, peut vous venir d'un oncle d'Amérique. » Soit ! Et je ne puis répondre que je n'ai pas d'« oncle d'Amérique », car l'« oncle d'Amérique » est précisément celui que l'on ne savait pas que l'on avait. Si donc une grande fortune me « tombe du ciel », que fais-je ? J'ai hâte de mettre un terme à un injuste avantage et de soulager ma conscience. Je regarde autour de moi. Je vois, parmi mes proches ou mes jeunes amis, des gens impécunieux : je les aide. Mais je n'oublie pas les enfants du quart-monde : des chèques partent pour tel organisme humanitaire ou tel autre. Au bout de peu de temps, ma conscience est apaisée et je puis dire : « Ouf ! »

Rêveries d'ailleurs que tout cela. Mais je puis supposer être né et avoir grandi dans une famille riche ou aisée. Alors, pas de matinées passées à garder les vaches au bord de la Dordogne dans l'ennui, pas d'autres matinées vécues à peler la vigne dans l'attente solitaire que sonne enfin l'angélus de midi, pas de journées remplies par le ramassage des noix et les maux de rein, pas non plus d'arrachage des pommes de terre avec le piochet gerçant les mains, pas de retournement de l'herbe fraîchement coupée, sous le soleil brûlant, pas d'après-midi du jeudi passées dans les vignes, à sarmenter, pas de foulage à pieds nus du raisin dans les cuves ou les tonneaux, à risquer l'asphyxie, mais après l'année scolaire – où l'on a eu la chance d'étudier, ou de pouvoir étudier, le grec, le latin, l'anglais, l'allemand –, le repos des vacances : les séjours au bord de la mer ou à la montagne, les voyages à l'étranger, la découverte des grandes capitales et des villes d'art, cela sans préjudice, tout au long de l'année, des plaisirs de fin de semaine ou de certains jours de la semaine : théâtre, cinéma, concerts, musées, expositions... Lorsque je songe à tous les avantages que, du fait de la différence d'une classe sociale à l'autre, je n'ai pas eus, ne pouvais avoir, je mesure la force de ma personnalité, de ma sagesse, car aucune protestation, récrimination, ressentiment, amertume, en moi ne s'élève : je réfléchis, en effet, que vivre dans l'aigreur ma mauvaise fortune serait m'infliger une pénalité de plus. Et puis, quand sont tombées les cartes, il est vain de vouloir modifier les données. Je vois aujourd'hui, d'après le *Who's who in France,* que, lorsque j'étudiais en Sorbonne, tel de mes condisciples était fils et neveu d'ambassadeur, tel autre fils d'un inspecteur des Finances, un autre fils d'un directeur d'un bureau international d'éditions, etc. Ils évoluaient donc dans des milieux avec lesquels le mien n'avait aucun point commun. L'eussé-je su en ce temps-là que je n'eusse prêté à cela aucune attention, la grande égalité qui régnait entre étudiants effaçant toute différence. Je n'ai d'ailleurs jamais été capable de rien qui ressemblât à la jalousie ou à l'envie : si j'ai appris depuis que quelque chose d'heureux était arrivé à tel ou tel de mes anciens condisciples, je m'en suis plutôt réjoui – par exemple qu'un tel ait le prix Goncourt, soit élu à l'Académie, ou chose de ce genre. Je ne veux pas dire que j'aie de l'estime pour ces choses-là : je me suis réjoui, songeant au vain contentement qu'elles leur donnaient.

Autant l'avouer : je ne puis me figurer ayant des parents riches, ou, sans être riches, n'ayant pas, ou n'ayant pas eu, de soucis d'argent. Pas davantage, il est vrai, je ne puis m'imaginer dans la misère, bien que nous l'ayons parfois côtoyée, et que ma grand-mère Marie en ait été très près, comptant sou par sou. La misère n'était là que comme une menace, qu'il fallait, par un travail ne laissant pas de répit, toujours repousser, car, au moindre relâchement, elle eût fondu sur nous. Rares étaient les jours où mon père n'avait pas le front soucieux, songeant aux récoltes, au retard de la pluie ou à son excès, aux risques de grêle ou de gel, méditant le peu de vin ou de lait qu'il pouvait vendre, ou un veau parfois. Car, en ce temps-là – avant 1936 – l'État n'aidait en rien le paysan : il devait se tirer seul d'affaire, face à la maladie (qui s'attaquait tantôt aux humains, tantôt aux bestiaux, ou à la vigne, aux pommes de terre, etc.), aux intempéries, à la mévente des produits.

Si j'eusse vécu dans une famille bourgeoise cultivée, aimant les lettres et les arts, qui n'eût pas manqué de veiller à ce que j'aie la meilleure instruction, qui eût surveillé mes progrès, applaudi à mes réussites, que serais-je devenu ? Serais-je très différent de ce que je suis ? Oui, sans doute, s'il ne s'agit que des savoirs : ma connaissance des arts serait immense par rapport à ce qu'elle est, celle que j'ai des langues anciennes serait plus complète et plus sûre, les ayant apprises dès l'adolescence ; bien des sports et des jeux, pour lesquels je n'ai pas eu de temps, me seraient familiers. Mais serais-je plus fort – plus indépendant – et plus sage ? Je ne le crois pas. Serais-je meilleur ? Je crois le contraire. Car je n'aurais pas eu sans doute cette sensibilité à la souffrance et à la misère que l'on a lorsqu'on les a vues de près. Les bourgeois souffrent aussi, dira-t-on. Oui, et lorsque j'ai affaire à un aristocrate ou à un bourgeois, ce que je vois d'abord, ce n'est pas un « aristocrate » ou un « bourgeois » : c'est un homme, et je ne me sens nullement disposé à leur ôter les avantages qu'ils ont par la violence – cela sans préjudice de ma sympathie pour les révolutionnaires, mais préférant l'inaction. Ce que je craindrais, ayant vécu dans la facilité de la vie matérielle, c'est que j'aie peine à imaginer la détresse de ceux qui ne sont pas assurés de leur pain quotidien et voient leurs enfants avoir faim. Je crains que j'eusse eu de la peine à imaginer le regard de ces enfants.

IV

Si je n'avais pas eu une note éliminatoire en rédaction

En mai 1935, mon père eut, avec M. Rigaudie, le directeur du cours complémentaire de Beaulieu et mon enseignant, à qui il était venu régler les fournitures scolaires, une longue conversation, d'où résulta l'étonnement du fonctionnaire, au traitement « tombant » régulièrement, devant la modicité de ressources et la précarité de vie du paysan. L'instituteur songea pour moi au concours des bourses et je m'y présentai trois semaines plus tard, sans préparation, défaitiste et anxieux. Mon père m'accompagna à Tulle, laissant tomber de sa bouche les mots juste nécessaires. Le sujet de la rédaction était : « Décrivez les bruits que fait le laitier le matin. » On n'aurait pu mieux choisir si l'on avait voulu éliminer les garçons de la campagne. Je ne savais rien du laitier qui, en ville, laissait le lait frais devant les portes avec le journal. Lucette, à Brive, se tira d'affaire très bien. Je fis, quant à ce que pouvait être un « laitier », des suppositions ridicules et j'eus une note inférieure à 5 sur 20. Mon échec au concours, contrastant avec le succès de Lucette, me fit souffrir, alors même qu'un succès n'eût rien changé à ma situation, la bourse que j'eusse obtenue étant insuffisante pour permettre à mon père de m'envoyer étudier à Tulle, au lycée. Ma souffrance tint à mon humiliation. Car Rigaudie fit part à la classe entière de mon échec, se moquant de certaines de mes notes, qu'il jugeait ridicules, me désignant au mépris de mes camarades, les prenant à témoins de mon néant, me houspillant comme celui qui lui donnait à désespérer. La récréation étant survenue après cette mercuriale du maître, je cherchai dans la cour un coin où nul ne me verrait. C'était inutile : les camarades, respectant ma détresse et bien loin de m'accabler, faisaient comme s'ils ne me voyaient pas. L'un d'eux me dit quelques mots de réconfort, auxquels je répondis misérablement. À la maison, on fit comme si rien ne s'était passé. Des adolescents ont mis fin à leur vie pour moins que cela. Mais je ne fus jamais tenté par le désespoir, et je ne connus le découragement qu'une seule fois. C'était deux ans plus tard. M. Salesse avait pris la succession de M. Rigaudie. Voilà que par un mouvement d'humeur absolument futile, il déchira ma carte du Massif central, faite avec courbes de niveau et qui m'avait coûté beaucoup de soin et de veillées. J'avais écrit « Monts de la Marche » alors qu'il n'y avait pas de monts dans la Marche selon lui. Je fus renvoyé chez moi où je dis que je ne voulais plus retourner à l'école. Mais mon père comprit que je souhaitais au fond qu'il m'y ramenât ; et c'est ce qu'il fit. Car l'école, c'était tout de même le bonheur d'apprendre, même si ce que j'apprenais, qui meublait surtout ma mémoire, n'était pas ce qui eût convenu à mon intelligence.

V

Si je n'avais pas eu un zéro éliminatoire en gymnastique

En juin 1939, j'échouai à l'oral du concours d'entrée à l'École normale d'instituteurs de Tulle avec un zéro éliminatoire en gymnastique. Cela se passait sur une colline d'où l'on a un beau coup d'œil sur la ville, dans la cour de l'École, devant les normaliens goguenards. L'épreuve de gymnastique n'avait pas été préparée, le cours complémentaire de Beaulieu n'étant pas équipé pour cela. Anneaux, poutre, barres, etc. : je n'avais eu affaire à aucun agrès. Je vis une traverse horizontale soutenue par deux montants verticaux. Que faire ? La barre horizontale me parut bien trop haute. Je tentai de grimper à l'un des montants. L'on m'arrêta aussitôt, tandis que les normaliens, spectateurs impitoyables, s'esclaffaient. J'ai su depuis, par ma cousine Yvette, que Lapeyre, gymnaste hors pair, des années après, en riait encore. Toutefois, tandis que dans la voiture qui nous ramenait à Beaulieu, M. Salesse exprimait à mon père ses regrets de ce « demi-échec » – d'autant plus que mon écrit avait été fort bon –, je me plongeai, je m'en souviens, dans mon manuel de chimie, tournant mentalement la page sur le passé immédiat, songeant au concours de l'année suivante, commençant mes « révisions ».

L'année 1940 arriva. Je passai le concours haut la main. Mais, par la volonté du nouveau pouvoir politique, les Écoles normales primaires avaient vécu. Les normaliens, dits « élèves-maîtres », furent accueillis à l'internat du lycée de Tulle comme boursiers. J'eus alors trois ans d'études, comme c'eût été le cas à l'École normale, mais qui, au lieu de s'achever par le brevet supérieur, lequel ne permettait pas de s'inscrire en Faculté, se conclurent par le baccalauréat, diplôme qui me permit d'envisager des études supérieures, sous condition que j'apprenne le latin, ou du moins assez de latin pour passer le certificat d'études classiques, qui était l'un des éléments de la licence ès lettres, et assez de latin encore pour avoir raison de la version latine que comportait le certificat d'histoire de la philosophie. Après juillet 1943, le bachot derrière moi, je consacrai au latin tout le temps que me laissèrent les travaux de la ferme, auxquels j'aidais, les stages pédagogiques, auxquels l'« engagement décennal » m'interdisait de me soustraire (sous peine d'avoir à restituer à l'État le prix de ma bourse), la préparation des autres certificats de la licence, mes lettres à Marie-Thérèse, etc., et cela sans parvenir à atteindre un bon niveau – du moins aussi bon que le fut le mien en grec, plus tard.

Sans mon zéro fatal en gymnastique (heureuse fatalité), eussé-je fait des études supérieures classiques ? Eussé-je étudié le latin de moi-même, sans les encouragements de Marie-Thérèse et son aide ? Probablement, non. Certes, j'aurais été, de toute façon, philosophe, car je l'étais dès ma prime adolescence, avant même d'avoir entendu parler du lycée de Tulle et de la classe de philosophie. Mon besoin de vérité – un besoin sans limites – me poussait, par la force des choses, vers la philosophie. J'eusse voulu, en tout état de cause, dire ce qui me semblait vrai, et sans doute eussé-je eu à dire des choses qui n'avaient jamais été dites. Car j'aurais intimement participé à la sensibilité de notre époque, où, plus qu'à aucune autre, importent le mal et la souffrance. Ma philosophie découle tellement de moi-même qu'elle eût été, je crois, semblable, dans ses traits essentiels, à ce qu'elle est maintenant.

De sorte que ce qui, surtout, eût été tout autre, c'est ma vie personnelle. Car Marie-Thérèse, venue de Strasbourg, réfugiée à Tulle, fut, au lycée, ma professeur de lettres. Parce que, à travers son maintien, son air et sa parole, je sentis, admirativement, la qualité de son être, je voulus franchir la distance qui me séparait d'elle, et jeter un pont, de l'élève au professeur, du paysan, si l'on peut dire, à la personne d'un autre milieu social et hautement cultivée. Lorsqu'un jour de pluie, et le manteau ruisselant d'eau, je vins frapper à la porte du 44, place de la Préfecture, pour demander à Marie-Thérèse de vouloir bien être mon correspondant en ville – ce qui me permettrait de la voir tous les dimanches –, ce fut avec la volonté de ne pas laisser les Moires filer le fil de ma vie, mais de prendre en main mon destin, de le forger par moi-même. Nanti de mon brevet supérieur, je n'aurais pu espérer mieux que devenir professeur dans une École normale. Mais peut-être me serais-je contenté, comme mon ami Eugène, d'être instituteur dans quelque campagne, où j'aurais médité mon œuvre à l'écart des institutions ? Je ne crois rien de cela, et pas davantage je ne m'imagine épousant soit une collègue pour former un classique « ménage d'instituteurs » (c'est ce que Suzanne aurait souhaité), soit une accorte servante, touchante et douce. On voit bien, en tout cas, quelles conséquences eut ce fameux zéro en gymnastique, qu'un seul quart de point eût abolies, orientant autrement toute ma vie.

VI

Si Guy ne s'était pas cassé le bras

En septembre 1950, alors que j'étais, à la suite des épreuves de l'agrégation, très fatigué et avais grand besoin de repos, je me trouvai obligé à un travail de force. J'étais chez mon père. C'était le moment des vendanges. Le raisin était mis dans des paniers que l'on versait dans des récipients de dimensions moyennes, cuves de bois cerclées de fer, qui, pleines, étaient fort lourdes. Des poignées permettaient de les hisser, à deux, sur le chariot qui les emportait à la cave. Bien que mon frère Guy eût à peine 15 ans, sa santé et sa force le vouaient à prêter main forte à notre père. Mais roulant à bicyclette dans Beaulieu, il fut, à un carrefour, heurté par une voiture folle, fut renversé, eut le bras cassé. J'aidai mon père à soulever ces « bastes » ou « comportes » – comme on nomme ces cuves : effort bref, mais violent. Peu de temps après, je m'aperçus que le champ visuel de mon œil gauche était réduit d'un bon tiers par une opacité qui persista. Sur ce, la rentrée scolaire me fit rejoindre Cherbourg, où je venais d'être nommé (sur ma demande, n'ayant jamais vu la mer) au lycée Victor-Grignard. J'allai très vite consulter l'ophtalmologiste, lequel ordonna des « gouttes », qui, trois mois après, n'avaient eu aucun effet. Fort inquiet, je pris rendez-vous avec un grand médecin parisien – qui avait, m'a-t-on dit depuis, opéré de Gaulle de la cataracte. « Il faut opérer, me dit-il, et le plus tôt sera le mieux – Opérez-moi, dis-je – Cela ne m'est pas possible, mais je vais vous donner un mot pour mon élève de Cherbourg » – cet élève qui m'avait fait perdre un temps si précieux. Ma femme demanda conseil à nos amis André et France Jacob. Ils me dirent de voir le Dr Halbron, le frère de France, chirurgien à la Fondation Rothschild. C'est ce que je fis. Lui-même m'envoya à son maître, le Dr Dolfuss, qui n'avait que quelques instants à me consacrer, mais qui lui suffirent pour observer mon fond d'œil et tracer un merveilleux dessin. Se guidant sur ce dessin, le Dr Halbron, calme et précis, m'opéra à merveille, et je restai vingt et un jour à Rothschild, paupières cousues et immobile de la tête aux pieds – ce qu'alors on croyait utile. Je fus toujours sans plainte. Je ne sonnai pas l'infirmière une seule fois. Les meilleures heures de la journée étaient celles de l'après-midi, lorsque venait ma femme. Je lui faisais me lire du Karl Marx. Quel ennui pour elle ! Mais quelle patience ! Si faute d'inattention il y avait eu, ou de l'automobiliste ou de mon frère, elle avait eu pour moi de longues suites : un effort violent avait provoqué l'éclatement d'un kyste sous-rétinien, d'où un handicap dont j'ai subi les conséquences ma vie durant (car la partie du champ visuel perdue l'était pour toujours).

VII

Si je n'avais été si fort emmailloté

Si je n'avais été emmailloté d'une manière si serrée dans mes langes par mes tantes Alice et Pauline – les sœurs de ma mère –, scrupuleuses à bien faire et prudentes : que craignaient-elles à laisser libres mes petits pieds ? –, l'un de mes orteils ne serait pas écrasé entre les autres, comme il l'est resté, et sans doute ma jambe gauche ne serait pas un peu plus courte que l'autre. De là est venu qu'au temps de ma scolarité, je ne pouvais, durant les épreuves de gymnastique, courir un 100 m aussi vite que mes camarades. Je ne pouvais non plus marcher aussi longtemps. En novembre 1944, la guerre n'étant pas finie et l'État étant restauré, la classe 1922 fut appelée à l'armée. Je dus, au fort de Vincennes, passer le conseil de révision. Je fis valoir mes légers handicaps pour tenter d'être « réformé ». Les médecins ne les jugèrent pas décisifs, avec raison. Je fus déclaré « bon pour le service ». Si j'eusse laissé aller les choses, je me serais retrouvé soldat, condition que je me refusai à envisager, n'ayant surtout pas de temps à perdre. Je fis en sorte de m'évanouir dans la nature. La France se divisait alors en régions militaires. C'est sans doute toujours le cas. J'avisai le centre de recrutement de Paris de mon changement d'adresse pour la Corrèze, qui relevait de la région de Poitiers, et le centre de Poitiers de mon changement d'adresse pour Paris. Mon dossier militaire voyagea, se perdit en route. Au bout d'un temps indéfini, l'on s'étonna de cette disparition. Les gendarmes me recherchèrent, allant d'abord chez mes parents, puis d'une adresse à l'autre[1]. Ils me retrouvèrent quatorze ans après l'opération à l'instant décrite et dont je suis assez fier. C'était en 1958, à Versailles, où je dus passer le conseil de révision une seconde fois. Un quidam me jugera peut-être sévèrement. C'est son droit. Je lui laisse l'avantage illusoire de ce jugement, tandis que j'ai l'avantage réel de m'être tiré d'affaire. On me dira que je n'ai pas montré beaucoup d'allant patriotique. Certes ! Mais la première cause que l'on doit, dans la vie, s'appliquer à servir, c'est la cause de soi-même – j'entends non, certes, en vue de la jouissance égoïste et bornée, mais de l'accomplissement de soi. La seule limite absolue au droit de chacun d'être soi est le devoir moral. Le devoir civique, patriotique, qui n'est que particulier, n'est pas un devoir moral.

1. 28, rue des Boulets, Paris XIe ; Lycée Saint-Louis, Paris VIe ; collège d'Étampes ; 19, avenue Hoche, Paris VIIIe ; 2, avenue Raymond-Poincaré, Paris XVIe ; 18, avenue Victor-Hugo, Cherbourg ; 30 *bis*, rue de Pannette, Évreux ; 11, rue des Missionnaires, Versailles.

VIII

Si je n'eusse été purgé

Je lis dans Chamfort :

« En France, disait M..., il faut purger l'humeur mélancolique et l'esprit patriotique. Ce sont deux maladies contre nature dans le pays qui se trouve entre le Rhin et les Pyrénées ; et quand un Français se trouve atteint de l'un de ces deux maux, il y a fort à craindre pour lui. »

Je suis peut-être atteint de l'un de ces deux maux, non de l'autre. Car je n'ai pas l'humeur patriotique. J'aime la France, mais non jusqu'au sacrifice. Je ne souhaiterais pas être né ailleurs. Je quitte fort difficilement le territoire national. Mais je suis plutôt chauvin que patriote. Le chauvinisme est un patriotisme de langue, qui n'exige pas trop de se produire en effets. C'est un patriotisme d'émotion, qui me trouve réservé et prudent lorsqu'il s'agit d'action. Que l'on ait eu parfois à défendre le territoire national contre l'Anglais perfide ou le Teuton farouche, l'histoire le dit assez, et je suis de ceux qui gardent dans leur cœur le souvenir des héros. Cependant, je ne me range pas dans leur cohorte, mais sur le bord. Il fallait avoir bien peu d'esprit patriotique pour, en 1943, n'être même pas tenté d'entrer dans la Résistance, et, en 1944, user de sa subtile intelligence pour ne pas se trouver dans le cas d'être incorporé, et de courir ainsi le risque de se trouver dans des situations périlleuses. Vivre, d'abord vivre... Non pas être un héros, mais *vivre* et chanter les héros, leur édifier des statues et des lieux de mémoire. Dira-t-on que je ne suis pas courageux ? Comment ne serais-je pas courageux ? Le courage est bien plutôt mon être, où il se fond avec mon intelligence, et constitue ma « liberté libre », comme dit Rimbaud, et ma force. Dira-t-on que je n'ai pas le courage « guerrier » ? Mais comme l'être selon Aristote, le courage se dit de plusieurs manières. Veut-on dire que le vrai courage est le courage guerrier, car, à la guerre, on est face à la mort ? Mais tout homme a peur de mourir. Le courage qui consiste à nier ou surmonter sa peur est contre nature. Pourquoi ce qui est contre nature serait-il le plus vrai ? Le vrai courage ne serait-il pas celui qui tient à la vie même, pour autant qu'au fil des heures et des jours, elle refuse la fatigue de vivre, qui est non-vie ?

IX

Si j'avais eu quelque aptitude particulière

Si j'avais eu quelque aptitude, comme au dessin (je dessine assez bien, mais sans talent), à la caricature, à la peinture, à la sculpture, à la gymnastique, à la danse, à la musique ou au chant, à la poésie, quelque imagination romanesque, quelque supériorité en un sport quelconque, quelque habileté ou ingéniosité mécanique, quelque inventivité technologique, quelque facilité à apprendre les langues vivantes, quelque don à me représenter le nombre et les espaces, quelque faculté exceptionnelle d'observation, si, dis-je, j'avais eu, d'une manière marquée, l'une ou l'autre de ces aptitudes, n'eussé-je pas eu la tentation de briller comme caricaturiste, ou aquarelliste, ou violoniste, ou danseur, ou chanteur, ou poète, ou romancier, ou sportif, ou inventeur, ou linguiste, ou mathématicien, que sais-je ? N'eussé-je pas voulu me « faire un nom » dans tel domaine particulier, devenant ainsi un homme réduit, un homme partiel ? Dénué d'aptitudes particulières, j'ai pu être un homme universel, un « honnête homme » au sens du XVIIe siècle. Mais la philosophie ne suppose-t-elle pas, dira-t-on, à la fois un intérêt pour les idées et une capacité d'abstraction qui sont loin d'être, l'un et l'autre, fort répandus ? Sans doute, mais l'aptitude à l'universel se distingue de toute aptitude particulière. Elle est liée à l'exercice, au fonctionnement même de la raison. L'incapacité des humains à la philosophie, qui est assez générale, tient à leur peu d'intérêt pour la vérité, lorsqu'elle n'est considérée que pour elle-même, en dehors de tout service. Chacun a souci de ce qui se rapporte à ses projets et des significations qui le regardent, très subsidiairement du grand problème de la signification de l'homme – cela, souvent, parce que la religion, lui ayant fourni la réponse, lui épargne de se poser la question.

X

Si j'avais eu le sentiment d'avoir quelque dette

Je ne supporte pas de *devoir,* cela contrairement aux nobles des siècles passés – il est vrai asservis et sans dignité, s'inclinant bêtement devant des rois stupides. Et, lorsque j'ai réellement une dette – comme à l'égard de ces amis qui, en 1962, parlaient de moi à Éric Weil et insistaient pour qu'il m'aidât –, je n'aime pas trop y penser, quoique me gardant de l'oublier. Je n'ai pas le sentiment d'avoir une dette envers la société et l'État : qu'ai-je reçu, me dis-je, en échange de tout le travail non payé que j'ai fourni dans mon enfance et mon adolescence, à l'instar de tous les fils de paysans ? Ai-je eu quelque bourse d'études ? Si le cours complémentaire de Beaulieu n'avait été à deux pas de chez moi, ne serais-je pas resté à la ferme ? Y eut-il quelqu'un pour me tendre la main (avant les amis dont j'ai parlé, lorsque j'avais 40 ans) ? M'a-t-on fait quelque faveur ?

Ai-je obtenu le CNRS ? Ou la Fondation Thiers ? Ou quelque subvention pour publier mes livres ? Je ne dis pas n'avoir rien reçu de la société et de l'État. Quelle injustice ce serait ! Les bienfaits de la République (quoique bourgeoise et m'ayant méconnu), l'école laïque et l'esprit de laïcité, le bonheur d'être né en France, dans un pays de si ancienne et si grande tradition, la chance d'avoir eu le français comme langue maternelle, d'avoir pu lire dès mon adolescence (sans d'ailleurs le conseil de personne) des auteurs sublimes, tout cela est sans prix. Mais je n'ai pas le sentiment d'une dette. Est-ce parce que tout cela, dont je viens de parler, ne fait qu'un avec moi ? Car celui qui nierait les valeurs de la République et l'esprit de laïcité, qui penserait, avec Nicolas Sarkozy, que « la religion et la République sont complémentaires », qui ne vibrerait pas avec l'histoire de la France et la geste de ses héros (de Vercingétorix et Du Guesclin à Cavaillès et Renouvin), qui, si intelligent soit-il, n'en serait pas moins un brin « cocardier », celui-là, ce ne serait plus moi. Et cependant, lorsque la France fut en péril, je n'ai pas eu le sentiment d'une dette à payer – qui plus est, à payer de ma vie. Il me parut presque normal que les Américains viennent au secours de la France, en 1944. Comme si c'était eux qui avaient une dette envers elle. Je fus porté à les laisser faire. J'étais celui que l'on venait délivrer des barbares, qui, il est vrai, avais l'excuse de les voir, eux, les Américains, forts, très forts, et de se sentir, lui, faible, très faible, n'ayant même pas de formation militaire. On dira qu'il ne tenait qu'à moi d'intégrer un mouvement de Résistance, où j'acquerrais une minime formation. Sans doute est-ce ce que j'eusse fait, quoique mon temps soit déjà pris par d'autres activités, plus essentielles, si j'avais eu le sentiment d'un devoir à remplir, comme d'une dette à payer. Mais je n'éprouvais rien de tel, tout comme si je ne pouvais avoir de dette envers moi-même.

XI

Si je n'avais pas eu l'aide d'un concurrent

En juillet 1940, à l'École normale de garçons, sur les hauteurs de Tulle, avait lieu le concours d'entrée à l'École. C'étaient les épreuves orales. J'avais mon sujet et j'étais au tableau noir, aux prises avec un problème comportant des calculs. Je commettais une erreur, dans le calcul d'une racine carrée, je crois, lorsqu'un concurrent dont je ne savais pas encore le nom et qui était Louis Dancie, voyant, de sa place où il attendait son tour, l'erreur que je commettais, me fit un signe que je sus interpréter, qui me fit me rendre compte de l'erreur et la corriger. Si elle ne l'eût pas été, cela m'eût coûté quelques points. Le résultat final, pour autant, n'eût pas été changé, car j'avais assez d'avance par ailleurs. J'aurais été « major » de toute façon. Aussi l'intérêt de l'anecdote n'est-il pas là. Il est dans l'exemple même que donnait Louis Dancie – exemple de générosité spontanée de la part d'un concurrent, et d'une promptitude à venir en aide à un rival perçu avant tout comme un semblable. Louis Dancie fut admis comme moi, et je le retrouvai au lycée en octobre. Nous eûmes des relations toujours cordiales et franches, sans devenir des amis intimes. Durant plus de trente ans, je ne l'ai pas revu, et pendant tout ce temps, pas une seule fois je n'ai songé à son geste, dont je viens de parler. J'ai ainsi bien des souvenirs que je laisse dormir dans quelque coin de ma mémoire. Mais un souvenir dormant n'est pas perdu. Nous nous revîmes en 1974, lors des retrouvailles des « anciens de la promo », à Aubazine, retrouvailles que j'avais provoquées et où tous étaient présents, sauf les morts. Il fallut encore deux décennies pour que je redonne vie au souvenir dormant, rappelle à Louis le geste qu'il avait eu et l'évoque à l'intention de tous. C'est encore ce que j'ai fait le 20 avril 2004 à Espagnac, répétant l'histoire surtout à l'intention de Danièle qui m'avait accompagné en Corrèze. Je représentai le geste de notre ami comme signe et témoignage d'un état d'esprit, celui de ces jeunes gens qui se sentaient si semblables, si fils du peuple, si solidaires et formant une totalité où chacun avait sa valeur propre, apportait son originalité, enrichissait tous les autres de sa dissemblance. Tous semblables étions-nous par notre condition dans la société, notre similitude d'origine et de destin et le partage de la même quotidienneté de vie. Tous dissemblables cependant, tant les personnalités étaient définies et affirmées, chacun étant d'ailleurs reconnu et estimé. Je disais récemment à Danièle, alors que Muriel avait parlé de me faire rencontrer un philosophe japonais, que je ne souhaitais pas, à mon âge, avoir de nouveaux amis. Car l'amitié suppose du temps. Les amis du temps de ma jeunesse sont ceux qui me connaissent, me comprennent le mieux. Louis Dancie était dans la même classe que moi en première et en philosophie. J'aimais le bon sens, la clarté, l'honnêteté de tous ses propos ; j'admirais le joueur de rugby. Il avait pour moi une admiration naïve, solidement fondée sur le fait que s'agissant des mêmes épreuves – la dissertation, par exemple –, ma réussite était meilleure. Mon petit-fils, Sébastien, aujourd'hui, peut m'admirer, mais c'est une admiration indirecte, par ouï-dire, et non par comparaison de performances. Louis Dancie a quitté ses amis et ce monde le 10 décembre 2004. Il repose au cimetière d'Argentat. C'est aussi, ce jour-là, une part de moi-même qui s'est évanouie. Car notre être est, d'une certaine façon, tissé des multiples manières dont les autres nous voient.

XII

Si seulement tu souriais

Pour l'administration, d'après ton acte de naissance, tu es Marie-Louise-Antoinette Farge. Mais pour ta maman, Marie, et pour tes sœurs, Alice et Pauline, tu es Marcelle, et pour tes amis ou amies, Nini (ou Ninette), Césarine, Gabrielle, Jeanne, Lili, Irène, Joséphine, Marthe, Antonine, Isaure, Amély, et Raymond, Firmin, René, Roger, Henri, Marius, et pour ton fiancé, Romain, tu es « Marceau ». Pour moi aussi, qui voudrais te voir comme mon père te voyait, tu es Marceau. Mais à moi, tu ne souris pas. Sur les trois photos que j'ai de toi, ton visage est figé – la « pose », sans doute –, la vie y est contrainte, et je ne puis capter ton regard. Je crois que tu n'étais pas faite pour l'immobilité. L'immobilité te trahit. On ne pouvait appréhender ton âme que par ta démarche, tes gestes, ton sourire, ta voix. Il me reste à essayer de t'imaginer d'après quelques phrases tirées des cartes postales que mon père t'adressait lorsqu'il était soldat. Je te vois surtout travaillant dans les champs de mon père. Je me repère d'après vos dates mémorables : 2 mai 1915 : votre premier rendez-vous ; 3 mai 1917 : promenade sur la route de la Majorie avant le départ de Romain à l'armée. Ensuite, puisque tu seras sa femme, tu t'installes au Rodal chez ses parents, Joseph et Françoise, et tu te voues à un travail pour lequel tu n'étais nullement préparée (mais ton père, Michel, était mort en 1916, et il y avait moins d'argent à la maison) – ce qui a bien pu provoquer cette discussion avec Marie, ta mère, à laquelle Romain fait allusion dans une lettre. Mais lui t'encourage : « Songe que c'est pour toi que tu travailles ; mets du goût au travail, et tu verras que ce sera bien moins dur. » Tu sarcles les pommes de terre, tu « ramasses » le blé noir, tu « tires l'herbe » du froment, tu « rentres » le foin, tu vendanges et tu aides à faire le vin. Ces travaux harassants, ce n'est pas ce que je voudrais pour toi. Mais tu as choisi cette existence de paysanne parce que tu as choisi mon père. Et cela m'amuse de voir que vous piquez parfois, tantôt l'un, tantôt l'autre, une crise de jalousie. Car, s'il y a jamais eu un amour au monde, c'est bien le vôtre. Romain dit que tu es sa bien-aimée, son adorée, son Tout, et qu'il ne cesse de penser à toi un seul instant. Et toi, tu déchires sa lettre, s'il paraît avoir passé un dimanche sans s'être « ennuyé de toi ». J'essaie de t'imaginer comme il t'imagine lorsqu'il écrit : « Je pensais à toi et il me semblait te voir descendre la côte, aller au-devant du facteur de ta démarche souple et gracieuse. À présent, comme c'est dimanche, sans doute dois-tu être à Vêpres. Et je voudrais bien être là-bas, dans cette tribune, pour entendre cette belle voix qui surpasse toutes les autres. » Cette « côte », bien des fois je l'ai suivie, allant en montant du Rodal à la Maisonneuve, chez « maman Marie », ma grand-mère maternelle, ou en descendant. La « tribune », au fond de l'église, était réservée aux hommes. Au temps où j'allais « à Vêpres », comme on dit en Corrèze, j'entendais chanter l'*Ave Maria,* et il me semble, en y pensant, comme si c'était ma mère qui chantait.

D'elle, il ne me reste que quelques cartes postales et une petite lettre. Voici cette lettre. Elle est datée de Saint-Céré où Marcelle est à l'École supérieure de jeunes filles et adressée à sa petite sœur Pauline :

Chère petite Pauline,

Je t'envoie le ruban que tu avais demandé à maman. Tu seras contente, je pense, car ce nœud rose ira bien à ta poupée. Tu pourras en donner un peu à Alice. Elle ne serait pas contente de ne pas en avoir. Tu diras à maman que les robes tailleur ne se font pas, et qu'une robe autrement est bien plus jolie. D'ailleurs, j'écrirai à Papa et Maman dans quelques jours. Je vais te quitter, chère petite sœur, en t'embrassant bien fort. Embrasse bien pour moi Papa, Maman et Alice.

Ta grande sœur.

Marcelle.

« Papa », « Maman » : les mots ont des majuscules, qui disent la vénération. L'immensité de tendresse déborde la petite Pauline, n'oublie pas Alice, rejaillit sur Papa et Maman.

Mon père a été blessé le 29 août 1918. Le 5 septembre, Marceau lui écrit de Belpeuch, lieu de pèlerinage. Elle est dans l'église : « Bien cher petit Romain, de Belpeuch, où je prie beaucoup pour toi, je trace à la hâte ces quelques lignes. Pour être tranquille, je suis montée à la tribune et là je trace ces quelques mots sur l'harmonium. » Chère Marceau, voilà que je te tutoie à nouveau. Comment ne serais-je pas ému d'une impression sublime, te voyant débordant de sentiments intenses : soulagement et reconnaissance, confiance, espoir, ferveur et foi profonde égale à ton amour profond.

Mais le blessé erra longtemps, d'un hôpital à l'autre. Après Paray-le-Monial, Poligny, le 28 mai 1920, il est encore à Besançon. Pour toi, Marceau, que d'années à travailler dur, à attendre, à te morfondre, à espérer. Le mariage ne peut avoir lieu que le 29 mars 1921. Votre livret de famille, que j'ai sous les yeux, me permet cette précision. Le voyage de noces eut lieu tout de suite après le mariage. À Paris, bien sûr. Le 3 avril 1921, tu écris à tes sœurs. À Alice : « Ma bien chère Alice, ici le temps passe avec la rapidité de l'éclair » ; à Pauline : « Ma bien chère Pauline. Ce soir, nous pensons aller au théâtre. Ainsi, demain, nous n'aurons guère envie de nous lever de bonne heure. Notre billet est pour jeudi. Nous arriverons vendredi matin au pays. »

Je quitte à nouveau le tutoiement, car ce que je veux dire, je ne peux le dire à toi, Marceau. Car j'éprouvai un grand amour filial, mais un tel amour, très absolu, fut celui qui alla à maman Marie. Pour elle, j'eus les sentiments que j'eusse eus pour ma mère, malgré un déficit de qualité dans la relation, dont je ne me rendais pas compte. Car ma grand-mère n'était pas aussi affectueuse, tendre, indulgente, que ma mère l'eût été. Or, la relation filiale avec Marceau n'a pas eu lieu, n'a pas été vécue, est abstraite. De sorte que Marceau reste une jeune fille, et comme l'idéal de la jeune fille. Elle a la spontanéité, la grâce, l'abandon, la réserve, la délicatesse, la confiance, la disponibilité, la générosité, la droiture, la retenue, le charme ; et elle n'est pas faible : elle a le courage, l'endurance et, pour si peu que les choses aillent bien, la gaieté. Bien sûr, je ne puis être amoureux de la femme de mon père, mais l'amour « fou » – c'est le mot qu'il disait – qu'il eut pour elle, je puis, d'une certaine façon, non seulement le comprendre, mais le revivre. C'est d'ailleurs à partir de cet amour que je recrée Marceau, la réinvente – dans la fidélité à ce qu'elle fut et sans tomber dans la fiction.

XIII

Si je n'avais pas dit ce que j'ai dit

Si je n'avais pas dit ce que j'ai dit, Manuelle ne se serait pas précipitée dans sa chambre pour reprendre son sac à dos, et n'aurait pas quitté brusquement, en me jetant un « adieu » sonore, la maison où elle était venue en invitée.

Qu'ai-je dit qui a pu avoir un tel effet ? Ceci : « Si c'est pour critiquer l'Union soviétique, ce n'est pas la peine que tu viennes chez moi. » Cette phrase a déclenché le départ de Manuelle. Elle est d'ascendance corse, et je la comprends. Mais elle s'est révélée être une personne ordinaire. Si elle avait eu une générosité venant des profondeurs de son être, elle serait venue à mon secours, comprenant que je me reprochais ce qu'un mouvement d'humeur m'avait fait dire et en étais malheureux. Elle m'avait apporté des cadeaux de Paris, notamment un film, *Grand Hôtel,* que j'avais très envie de voir. Était-ce une véritable amie ? Je le croyais et j'étais heureux de sa venue. Mais le véritable ami est celui qui vous aide lorsque vous êtes dans la détresse matérielle ou morale, et surtout lorsque vous avez tort.

J'ai eu de l'amitié pour l'Union soviétique et cette amitié demeure. Je me mépriserais de faire chorus avec ceux qui maintenant l'accablent sous l'énumération des noirceurs qu'ils y voient. Manuelle me conte l'histoire des clous. Un ordre vient d'en haut : il faut fabriquer cinq tonnes de clous. Cinq tonnes de clous de 15 cm, dont on ne peut rien faire, sortent de l'usine. Manuelle me peine de raconter une histoire aussi sotte. Elle a lu la *Rue du prolétaire rouge.* « Il y a ce que l'on vous fait voir, dit-elle, et il y a ce que l'on cache. » Qu'est-ce que l'on cache ? La misère, beaucoup de misère. La souffrance du peuple devient un argument pour ne pas aimer ce peuple. L'amitié que j'ai eue, que je garde, dans le souvenir, pour l'Union soviétique, n'est pas une amitié pour la nomenklatura, mais pour le rêve de Lénine très imparfaitement réalisé. « Union soviétique » : je vois d'innombrables hommes et femmes, qui ont eu tant de foi, de courage, d'espoir, qui malgré les désastres de la guerre dite « grande » et de l'autre plus grande encore, ont réalisé des progrès, qui ont tenu bon contre les armées blanches et hitlériennes et contre la terreur dans leur propre pays, qui surtout ont été contraints par la politique occidentale dite de « cordon sanitaire », de tirer tout d'eux-mêmes et sans aide dans un pays plusieurs fois en grande partie détruit. Pour moi, l'Union soviétique, c'est la jeune fille de Kachine, dont le journal nous dit, sur le fond du bonheur d'être jeune, ses premières émotions d'amour, et qui, engagée volontaire, mourut en héroïne dans la guerre de partisans.

Manuelle, qui fait ressortir, paraissant y trouver un plaisir, telle ou telle noirceur ou imperfection du régime, est comme celle qui, sachant que vous aimez une femme, vous dirait qu'elle louche, qu'elle a une tache de vin, etc., comme si ces détails décidaient de l'ensemble. « Ce sont des faits » : tel est le leitmotiv de Manuelle. Mais sont-ce *tous* les faits ? Or, ce sont tous les faits, pris ensemble, qu'il faudrait considérer. Que la femme que j'aime ait quelques défauts véniels ne saurait altérer mon amour. Que bien des noirceurs non vénielles, des tares, aient existé en Union soviétique, ne me fait pas lui porter une moindre amitié, car celle-ci eût voulu l'aider à faire face à ces noirceurs, à ces tares, pour les vaincre, en venir à bout. Je sens, chez Manuelle, qu'elle n'*aime* pas. Et, sans amour, comment comprendre ? Je sais la catastrophique réforme agraire, le goulag, les procès de Moscou, mais je sais aussi l'éducation, le travail et la santé pour tous, la paix imposée dans un vaste empire, et Makarenko, Gorki, Kapitsa, Gagarine, la population héroïque de Léningrad, la défense de Stalingrad. Faits contre faits : le calcul est indécidable. L'amitié tranche sans aveuglement – et l'on sait que je décide d'après le sort des enfants. Elle prend parti comme l'on prend parti pour un ami, même lorsqu'il n'a pas raison, non pour lui dire qu'il a raison, mais pour l'aider à se corriger, à devenir meilleur.

20 décembre 2004.

XIV

S'il m'avait dit : « Tuez-moi ! »

Après sa maladie, qui datait de décembre 1921, Lénine séjournait, depuis 1922, à Gorki (Nijni-Novgorod), dans une vieille et grande maison à un étage, garnie de meubles désuets, au milieu d'un parc immense comme un bois. C'est là qu'il mourut le 21 janvier 1924. Trotski soupçonnait Staline de l'avoir empoisonné. Mais Boris Souvarine, dans un entretien avec Michel Heller, a dit ceci : « Je peux témoigner du fait suivant. En 1923, à quelques jours de l'avant-dernière crise de Lénine, j'ai rencontré Boukharine qui arrivait à une réunion du Comité exécutif du Kominterm. Il rentrait tout droit de Gorki. Naturellement, je lui ai demandé comment allait Lénine. Boukharine ne pouvait pas retenir ses larmes : "Ilitch demande qu'on le tue", me dit-il. Il répète sans arrêt : "Tuez-moi ! Tuez-moi !" En proie à une vive confusion, il cherchait des mots que je puisse comprendre (avec ma connaissance livresque du russe) et qui ne soient pas non plus trop grossiers, pour me faire entendre que Lénine faisait sous lui. C'est pourquoi il implorait : "Tuez-moi !" Boukharine, bouleversé à l'extrême, m'expliquait : "Il a honte... Il a honte." Aussi, je pense – et, ce faisant, je m'appuie sur une source sérieuse – que si Staline a abrégé les jours de Lénine, il l'a fait sur la demande expresse de son maître » (*Sur Lénine, Trotski et Staline,* Éd. Allia, 1990, p. 57).

Est-ce ce que j'aurais fait ? C'est, en tout cas, ce que, selon mon estime présente, j'aurais dû faire. J'aurais compris le sentiment de honte d'un homme ainsi humilié, et j'aurais agi par commisération. Du moins, c'eût été le mobile qui m'eût donné la force d'accomplir ce qui m'aurait paru être mon devoir. Car il est difficile d'agir par pur devoir, sans le secours d'aucun sentiment comme mobile. La commisération dit plus que la pitié par la bonté qui s'y ajoute. Si tant est qu'il ait abrégé les jours de Lénine, quels ont été les motifs ou mobiles de Staline ? Scruter le for intérieur d'un individu m'intéresse peu. Il suffit qu'il ait agi comme Lénine l'avait voulu et comme, dès lors, il le fallait. J'incline à croire que ce fut dans le même esprit que celui du soldat qui dans la guerre des tranchées, donnait le coup de grâce à un camarade blessé mortellement et souffrant trop.

Lénine était très pudique pour tout ce qui concernait la vie corporelle, y compris sexuelle et même sexuelle particulièrement, en quoi il était en phase avec « le milieu extrêmement pudique, voire austère, qui était traditionnellement celui des révolutionnaires russes », dit Nina Gourfinkel (*Lénine,* Seuil, 1959, p. 136). Le grand amour de Lénine fut peut-être Inès Armand, française, née Élisabeth Pécheux d'Herbenville, qui, venue en Russie avec sa tante gouvernante des enfants d'un industriel, avait épousé le fils de celui-ci, mais avait adhéré au groupe bolchevique dès 1904, puis avait connu la prison, la déportation, la clandestinité, n'étant jamais très loin de Lénine, que ce soit en Suisse, à Paris, à Cracovie, à Moscou. Elle mourut en 1920 du choléra au cours d'une mission au Caucase. Par son énergie, son intelligence, sa connaissance des langues, elle avait été pour Lénine « une collaboratrice inappréciable », dit N. Gourfinkel ; et « aux heures de fatigue, il lui demandait de jouer du Beethoven... ». Or, dans sa correspondance avec elle, Lénine la vouvoie, sauf dans quelques lettres. Du reste, il ne pratiquait la familiarité du tutoiement qu'avec deux ou trois camarades des premiers combats révolutionnaires. Ce n'était chez lui ni hauteur, ni fierté, comme chez Trotski, mais réserve, retenue, pudeur du sentiment.

Toutefois si, comme les révolutionnaires russes en général, il fuyait les discussions sur le sexe, ce n'était pas seulement parce qu'elles sont impudiques et vulgaires. C'est qu'il craignait le détournement des énergies de combat vers des voies adjacentes. Voici ce qu'il disait à Clara Zetkin (1857-1933) au cours d'un entretien qu'il eut avec elle, à l'automne 1920, dans son cabinet du Kremlin : « Je me méfie de ceux qui s'absorbent constamment et obstinément dans les questions de sexe, comme un fakir hindou dans la contemplation de son nombril. Il me semble que cette profusion que l'on voit de théories relatives aux sexes, tient à un besoin personnel, au désir de justifier devant la morale bourgeoise sa propre vie sexuelle et de solliciter l'indulgence pour soi. C'est une occupation affectionnée des intellectuels et des milieux qui leur sont proches » (*Lénine tel qu'il fut*, Moscou, 1959, II, p. 629). La théorie de Freud : un beau prétexte au dévoiement des énergies.

XV

Et si Bergson était le plus grand

Jacques Bouveresse dit qu'il « ne sait pas » quel est le plus grand philosophe du dernier siècle. Il ajoute : « Vouloir décider quel est *le* plus grand me semble tout simplement ridicule. La question n'a à peu près aucun sens et rigoureusement aucun intérêt » (*Essais* IV, Agone, 2004, p. 134). On peut dire que Kant est un plus grand philosophe que La Mettrie. Si l'on peut dire qu'il est plus grand que tout autre philosophe du XVIIIe siècle que l'on pourra énumérer, il suivra de là qu'il est le plus grand philosophe du XVIIIe siècle. Cela n'a rien de ridicule. Mais il est vrai que cela ne présente « aucun intérêt » – du moins aucun intérêt *philosophique*. Car, de ce point de vue, il faudrait savoir si, de ce qu'un philosophe est « le plus grand », il est aussi le meilleur.

Mais être un *grand* philosophe ou être un *vrai* philosophe sont deux choses différentes. Qu'un philosophe soit grand, cela se voit à son influence, et, de celle-ci, on peut imaginer une mesure objective : ainsi par le nombre de livres ou d'articles qui lui sont consacrés. Mais mesurer le rayonnement d'un philosophe a un intérêt surtout sociologique : que le philosophe soit en phase avec la société, le monde dans lequel il vit, suppose une relation d'affinité avec les croyances collectives, pas nécessairement avec la vérité. Pour le vrai philosophe, qui n'a souci que de la vérité, les croyances collectives sont lettre morte. Cheminant « à l'écart des hommes », comme dit Parménide, il est difficilement reconnu par eux. Je dirais que Descartes, au vu de son influence, est un plus grand philosophe que Montaigne, mais que celui-ci, qui a philosophé dans une grande indépendance à l'égard de la croyance monothéiste qui imbibait la société, est plus vrai – plus authentique, plus réel. Descartes a vieilli. Montaigne est toujours aussi jeune.

Si un philosophe est « grand », cela peut s'apprécier objectivement. S'il est « vrai », cela ne peut pas s'apprécier objectivement. Car le jugement que l'on porte sur un philosophe comme étant, *réellement* ou non, un philosophe, cela dépend de sa propre philosophie. Ce qui est « réel » pour un philosophe – les Idées, par exemple, ou les Atomes, ou les Nombres, ou Dieu, etc. – peut ne pas l'être pour un autre. Et je dirai que Bergson me semble un philosophe plus « réel » ou plus vrai, que Husserl ou Heidegger, car il a davantage le souci de la vérité comme je l'entends, c'est-à-dire du discours qu'il faut tenir au sujet du Tout de la réalité.

Mais qu'il soit, parmi les philosophes du dernier siècle, le plus vrai, n'empêche pas qu'il soit le plus grand, si l'on estime sa grandeur par le nombre de thèses, de mémoires, d'articles ou de livres à lui consacrés. Cependant, c'est là un critère incertain. Toutefois, *tenons compte* qu'il est le plus vrai, et l'on pourra dire qu'il est le plus grand, mais en un sens philosophique.

XVI

Si j'avais à me choisir un héros

Si j'avais, parmi tous les hommes d'exception, à distinguer l'un d'eux, comme particulièrement cher à mon cœur tout en étant très admiré, et qui, de plus, méritât le titre de « héros », il faudrait que ce fût non seulement un homme de génie, d'une souveraine intelligence, comme Léonard de Vinci, ou d'une belle et ample créativité comme Victor Hugo, mais un combattant des forces obscures, des ennemis de l'homme, donc un bienfaiteur de l'humanité, qui ait quelque chose de guerrier, comme il convient à un héros. J'ai nommé Pasteur, homme entièrement concentré dans un vertigineux effort contre les micro-organismes (il ne disait pas « microbes »), partisans de la mort. Il a forcé les repaires de toutes sortes de microbes, découvert, entre autres, le microbe « en chapelet de grains » de l'infection puerpérale. Alors l'antisepsie et l'asepsie, grâce à lui étant connues, que l'on m'explique pourquoi le Dr Mage, de Beaulieu-sur-Dordogne, a laissé mourir Marceau. Les héros ordinaires ont combattu des humains ordinaires animés de passions ordinaires. Léonidas a défendu les Thermopyles contre les Perses de Xerxès, Vercingétorix a combattu les Romains, Du Guesclin et Jeanne d'Arc les Anglais, Jeanne Hachette les Bourguignons, le chevalier Bayard les Suisses, Bara – enfant héroïque – les Vendéens ; et dans les guerres récentes, que de héros obscurs ! Mais que Perses, Romains, Anglais, Allemands ou autres, soient combattus et vaincus, ou non, cela n'intéresse que certains peuples ou États, tandis que les ennemis de Pasteur ont été les ennemis de tous les humains, et également de nombre d'espèces animales. Il a montré plus de constance, d'opiniâtreté, d'acharnement à cerner le vrai qu'aucun héros guerrier dans son domaine propre. Et il était solitaire, tandis que ceux dont j'ai parlé étaient entourés, regardés. Il devait, lui, franchir des forêts de critiques et de doutes. Il n'a eu d'aide que celle qu'il s'est apportée à lui-même, laissant son imagination se mettre en mouvement d'après une conversation, un récit de ce qui se disait à la Faculté de médecine, une étude sur telle maladie ou telle autre : dans l'ouvrage posthume du Dr Auzias Turenne (1812-1870) une page sur le virus de la péripneumonie a pu lui suggérer le mode d'atténuation du virus rabique. Mais Pasteur est personnel : il garde pour soi ce qui lui importe, non qu'il répugne à laisser la conversation aborder les sujets qui le préoccupent, au contraire, mais alors plutôt que de dévoiler ses « pensées de derrière », qui ne méritent pas encore d'être mises au jour, il est à l'affût de la remarque, du détail, du petit fait qui peut lui être un secours. Il vit dans une abstraction à l'égard de la littérature, des plaisirs de société, de la vie parisienne : il ne va jamais au théâtre ; en vacances à Arbois, il travaille plus encore que d'habitude (lorsque, à 16 heures, on l'appelle pour la promenade quotidienne, il fait souvent la sourde oreille). Il s'éloigne le moins et le plus rarement possible de son laboratoire de la rue d'Ulm. Lorsqu'un emplacement fut trouvé à Grenelle pour l'Institut qui devait porter son nom, il fut long à prendre son parti de devoir aller si loin.

Bien que Pasteur soit croyant et moi non, qu'il aime passionnément son pays et moi pas au même degré, qu'il place au-dessus de tout, en ce qui le concerne, la vérité scientifique, et moi non au-dessus de tout, qu'il accepte la guerre en certains cas et moi en aucun cas, etc., je le rejoins dans le culte du dieu intérieur : *« en-theos »,* répétait-il souvent, voulant se redire l'enthousiasme qui était le sien pour ne le laisser décliner à aucun moment.

XVII

Si j'avais ôté mon chapeau

Un chapeau de Bonaparte, qu'un soldat avait rapporté d'Égypte, et que sa famille avait précieusement conservé, fut mis aux enchères à l'hôtel Drouot, en 1928. Le conservateur de la Malmaison poussa les enchères jusqu'à 35 000 F. Mais il alla au Prince de Monaco pour 42 000 F. Or, lorsque le chapeau de l'homme de gloire et de légende fut présenté au public, un grand silence se fit dans la salle. Une émotion collective, un frémissement fit se taire les conversations, les têtes se découvrirent et les enchères se succédèrent dans une sorte de recueillement solennel. Or, si, m'étant trouvé là, j'avais, moi aussi, ôté mon chapeau, comme il est probable que je l'eusse fait, comment m'expliquer ce geste ? Car il est sans doute qu'au temps du déroulement de l'épopée napoléonienne, j'eusse brillé par mon inertie. Si j'avais eu 20 ans en 1809, comme Jean-Baptiste-Marie Vianney – destiné à être le

« saint curé d'Ars » – mon comportement n'eût sans doute pas été très différent du sien. Ayant reçu sa feuille de route militaire pour rejoindre Bayonne et de là l'armée d'Espagne, il prit le maquis, se retira durant quatorze mois au village de Noës, à l'orée de la forêt de la Madeleine, chez la veuve Fayot ; il y fut protégé par l'omerta paysanne, se gardant toutefois de se montrer à l'église. « Quand j'étais déserteur... », disait-il plus tard, même en chaire. On le fit, sous le Second Empire, chevalier de la Légion d'honneur. Il ne voyait pas pourquoi, « à moins, ajoutait-il, que ce soit parce que j'ai été déserteur... ».

En réalité, Jean-Marie Vianney s'attribue un titre auquel il n'a pas droit. Déserter, c'est abandonner son poste, son corps. On ne peut abandonner son corps si on ne l'a pas rejoint. Vianney fut seulement un réfractaire. Qu'eussé-je fait ? Prendre le maquis et devoir se cacher, ne pas même pouvoir se montrer à la messe du dimanche, cela m'eût paru une solution extrême. Il y avait d'autres façons d'échapper à la conscription. D'abord, se faire séminariste : Vianney n'y a-t-il pas songé ? Ou peut-être ignorait-il son droit ? Car les futurs prêtres étaient exemptés du service militaire. Ensuite, l'on pouvait se faire remplacer. Un remplaçant coûtait environ 3 000 F. Ce n'était pas trop cher pour mourir à notre place. C'était, il est vrai, surtout les bourgeois qui avaient les moyens d'« acheter un homme » à leur fils. Enfin, l'on pouvait être favorisé par le sort, tirer un bon numéro, ce qui vous laissait dans vos pénates au moins dans les premiers temps de l'épopée, où le grand besoin d'hommes ne se faisait pas encore sentir.

Ladite épopée n'eût pas ému mon immobilité frileuse de stalactite, et cependant, devant le petit chapeau du vainqueur des Pyramides, je suis ému au point d'ôter le mien. Pourquoi ? Respect de la grandeur sans doute. Ce qui importe est qu'il s'agit ici d'un geste libre. Je me découvrirais devant le pape. Mais ce serait un geste obligé. Ici, le geste est spontané. Quelque reproche ou critique que l'on puisse faire à Napoléon ou à sa politique, sa grandeur est reconnue. Elle s'impose à vous, malgré qu'on en ait. On peut ensuite analyser cette grandeur, les éléments dont elle se compose, mais elle est d'abord là comme une évidence. Le terme ne saurait convenir à Hitler. Il n'a pas été « grand » – bien plutôt indiciblement petit. Aussi peut-on célébrer les anniversaires napoléoniens ; ceux de Hitler, on ne saurait y songer. D'un côté un sujet de fierté, de l'autre un sujet de honte : de fierté pas seulement pour la France, de honte pas seulement pour l'Allemagne.

Napoléon est grand en soi plus que par ses grands desseins. « Que l'on réfléchisse à ce que l'on doit à Napoléon, dit Nietzsche : presque toutes les espérances supérieures de ce siècle » (*Volonté de puissance,* trad. Bianquis, II, p. 30). De quel espoir s'agit-il ? De réaliser une « synthèse nouvelle » : l'« Europe unie » (*ibid.,* p. 244). Mais les moyens employés s'opposent à la fin recherchée. Napoléon a rendu possibles les nationalismes, négateurs de ce qui se préparait : de là des guerres nationales, absurdes. Fichte, dans son *Discours à la Nation allemande* (1808), fait un cours de patriotisme et de nationalisme (faut-il parler de « pangermanisme » ? on en discute). Napoléon est plus grand encore que ce qu'il a fait, car il recélait en soi une puissance qui attendait d'autres théâtres. En 1815, il n'eût pas dû demander asile à l'Angleterre, mais aller en Amérique, où il se fût, sans trop de peine, créé un empire.

XVIII

Si je pouvais la voir, si je pouvais l'entendre

« De quel prix ne nous seraient pas les paroles, le son de la voix de Henri IV ? », écrit Las Cases, voulant donner une idée de la chance qu'il a d'ouïr les paroles, la voix de Napoléon.

Si j'essaie de me dire : « De quel prix ne me seraient pas les paroles, le son de la voix de Montaigne, de Descartes, et, plus encore, de Platon ou d'Épicure ? », l'émotion ne vient pas : je reste froid. La supposition ne me fait pas vibrer.

Il est une seule personne dont j'aie la nostalgie : c'est Marceau. Il me manque de la voir marcher de son pas vif dans les chemins que je connais ; manier le piochet autour des pieds de pommes de terre pour les sarcler, couper de ses ciseaux de vendangeur les grappes de raisins dorés dans la vigne de sa mère sur la colline – où j'ai moi-même taillé, pioché et sarmenté ; frapper de son petit marteau la noix qu'elle tient entre deux doigts de la main gauche pour en extraire le cerneau, lors des soirées d'hiver où, à la Maisonneuve, l'on « noisille », mon père étant venu aider ; descendre hâtivement la côte à la rencontre du facteur, impatiente. Mais il me manque aussi de l'entendre, soit dans les conversations, à la veillée, où elle raconte, ou répond, ou réplique à sa mère, à ses sœurs, à Romain ; soit à l'église, de la tribune, lorsqu'elle chante, jouant aussi de l'harmonium, peut-être. Je la vois aussi écrivant une lettre ou lisant ; j'aime son air sérieux.

XIX

Si j'avais vécu au temps des Carolingiens

Si j'avais vécu au temps de Charlemagne, j'aurais connu un bonheur dont je peux à peine me faire une idée aujourd'hui. Je me suppose vivant en Auvergne, en Bourgogne, ou dans la région lyonnaise, tous pays où le grand empereur n'est jamais allé, déambulant de préférence dans les parages de la Meuse, de la Moselle ou du Rhin, avant de se fixer, comme on sait, à Aix-la-Chapelle, mais pays jouissant d'une paix profonde, puisque les guerres se déroulent sur les marches de l'Empire : en Italie, en Bavière, en Saxe ou au pays des Avars, d'où Charles rapporte un immense butin, tout en éduquant chrétiennement les Avars, peuple barbare lent à s'initier aux saints mystères.

Certes, je fais partie de l'aristocratie franque. Je rends au roi un hommage lointain, non sans le cadeau de quelque bœuf charolais, puisqu'on le sait grand amateur de viandes rôties. Je vis simplement, en chef de clan et de village sans ambition. Il me suffit d'être le maître. Mon costume ne diffère pas de celui des hommes du peuple ; l'on m'aborde et l'on me questionne sans façon. Ma maison est en très bonnes pierres, avec trois chambres. Elle est entourée d'une galerie, avec cinq petites pièces, cela dans une très vaste cour entourée de fortes palissades, où se trouvent cinq ou six maisons construites en bois, où les voyageurs, les gens de passage sont assurés de trouver un gîte. J'ai naturellement un cellier, une cave, deux granges, des magasins, des hangars, et, au village, une boulangerie, une boucherie, une tannerie, une forge, une scierie, un moulin, puis, dans les environs, des prairies, des pacages, des vignes, des terres à céréales, des forêts. Mais je vis de peu : le meunier est aussi boulanger, le boucher est aussi charcutier et préposé aux salaisons, le viticulteur est aussi celui qui fait le vin et s'occupe de la cave, ceux qui moissonnent sont aussi ceux qui ont labouré. Je n'ai que deux bergers et deux vachers, lesquels sont aussi fromagers. L'unique forgeron ferre les chevaux, les soigne et les panse à l'occasion, lorsque le palefrenier ne le peut, dont c'est pourtant la tâche ordinaire. Aux femmes reviennent les travaux de lessive, de couture, de tissage : il y a des ateliers pour cela ; de plus, elles aident à la fromagerie. Je n'ai pas de cuisinier attitré – toute femme doit savoir cuisiner –, ni de sommelier : tout homme doit savoir user du vin avec révérence. La religion n'existe que comme foi collective, allant de soi, purement naïve et irréfléchie. On ne pense pas encore. Le prêtre a le respect qui lui est dû. Il dit la messe basse le matin, la messe chantée et les Vêpres le dimanche. Il enseigne le catéchisme aux enfants, visite les malades, administre les sacrements ; sous le dais que portent quatre hommes, il conduit les processions. En chaire, le dimanche, il rappelle chacun à ses devoirs, notamment les époux. Les liens du mariage sont perpétuels. Si l'adultère vient à se produire par l'effet du simple goût charnel, il est puni par la honte publique. S'il a lieu par l'effet du grand et irrésistible amour, c'est autre chose : je veux que la discrétion absolue de tous protège les amants possédés par le dieu – les choses rentreront dans l'ordre lorsque l'orage de la passion, qui ne saurait durer longtemps, sera passé. Ce n'est là qu'un exemple de ma sagesse.

Charles vit « du sien » – de ses propriétés ; moi de même. Chacun dans mon domaine a ce qu'il lui faut en fait de nourriture, de logement, de vêtement. La joie vient du vivre ensemble. Elle éclate lors des baptêmes, des premières communions, des mariages, des fêtes. Elle suppose une heureuse ignorance de ce qui se passe ailleurs.

Mon bonheur, je le dois à mon rôle de roitelet sans prétention, mais éclairé. Mon autorité est charismatique, non despotique. Je ne souhaite pas que l'on m'aime trop : je risquerais de décevoir. Ce qui importe est d'inspirer confiance et de la mériter. Mon bonheur est chose simple.

XX

Si j'étais le Tout-Puissant

Si j'étais le Tout-Puissant, voyant les méfaits que commettent les hommes, j'envisagerais d'instaurer pour eux un nouveau régime de la liberté. C'est eux-mêmes qui m'en donnent l'idée. Je vois que pour limiter la vitesse des voitures, ils songent à brider la puissance des moteurs. Pourquoi ne pas brider leur liberté de façon qu'ils soient incapables de commettre le mal ? Leur volonté, dès lors qu'elle voudrait le commettre, se paralyserait aussitôt elle-même ; elle ne parviendrait pas à passer à l'acte. Je me heurte à la difficulté suivante : ce que veut la volonté, cela lui paraît-il jamais être le mal ? On s'étonnera de la question. On la comprendra quand j'aurai dit que je songe avant tout aux volontés politiques. Que certains trouvent un abject plaisir à humilier, à torturer, à voir souffrir autrui, à le détruire, oui sans doute. Mais qui sont-ils ? Pas même en font partie les petits ou grands voleurs, malfrats et truands ordinaires, qui ne portent pas d'intérêt à autrui, mais seulement à ses biens – argent, bijoux, œuvres d'art... – pour s'en rendre possesseurs avec un risque calculé de finir en prison ou au pénitencier. Faire souffrir pour rien leur semblerait absurde et contre-productif. Restent, pour composer la lie de la société, les violeurs, les pédophiles confirmés, les tueurs en série, les tortionnaires, les sadiques en général, les piliers de cours d'assises, que ces gens-là soient ou non des psychopathes. Or, que les individus asociaux commettent le mal pour l'avantage qu'ils en retirent ou pour lui-même, leur capacité de nuisance est si réduite que leurs prouesses ne débordent guère dans les journaux la rubrique des faits divers. Comparée à celle des chefs d'État qui décident de la paix ou de la guerre, elle est négligeable.

Aussi est-ce la liberté de ces grands décideurs qu'il faudrait brider, de façon qu'elle ne soit pas une liberté pour le mal. La difficulté vient de ce que cette liberté ne se pense aucunement elle-même comme voulant le mal, de sorte que la nécessité de se brider ne peut lui apparaître. Les décideurs ne veulent que le bien ou ne veulent le mal qu'en vue du bien. Bismarck déforme dans un sens humiliant pour la France la dépêche à lui envoyée par le roi Guillaume Ier. Qu'est-ce qu'une légère faute morale au regard de l'intérêt supérieur du pays ? Bismarck craint seulement que les Français ne réagissent pas comme il l'espère. Hitler se croit investi d'une mission. Le 22 août 1939, il déclare : « J'ai fait mon devoir. » Hitler et Goebbels « partageaient, dit

Marlis Steinert, la conviction qu'ils se bornaient à revendiquer "leur droit" » (*Hitler,* Fayard, p. 360). Si Churchill ordonna le bombardement de Dresde et Truman celui d'Hiroshima, c'est qu'ils les ont jugés nécessaires. Quoique criminels à mes yeux – mais je juge en moraliste –, ils n'en eurent pas moins une heureuse vieillesse, l'un mourant à 91 ans, l'autre à 88 ans. Or, de Gaulle justifie la bombe d'Hiroshima : « Il fallait que ce soit cette bombe qui mette fin à la Seconde Guerre mondiale, pour que la perspective de son emploi dissuade d'en entreprendre une troisième » (cité par Alain Peyrefitte, *C'était de Gaulle,* Fayard, I, p. 165). Mais peut-on justifier un crime contre l'humanité ? « Des centaines de milliers de morts, des femmes, des enfants, des vieillards carbonisés en un millième de seconde, et des centaines de milliers d'autres mourant au cours des années suivantes dans des souffrances atroces, n'est-ce pas ce qu'on appelle un crime contre l'humanité ? », demande Peyrefitte *(ibid.).*

D'un côté, la politique – du moins la politique à l'époque des États nationaux –, de l'autre, la morale. Seule une éducation humaniste, axée sur les valeurs d'universalité, et qui placerait l'intérêt du moindre des bébés au-dessus de l'intérêt des États, pourrait éviter qu'une civilisation génère des humains portant des jugements pareillement atroces. Quant à ces humains eux-mêmes, ils sont bien évidemment inéducables tant leur liberté est dépravée. Il ne faudrait donc rien moins que l'intervention du Tout-Puissant pour brider leur volonté. Ce serait en tout cas ma tâche si j'étais le Tout-Puissant.

Or, que les décideurs du premier rang aient une grande capacité de nuisance, cela intéresse au premier chef les humains ordinaires. Le conseil, alors, que l'on peut se donner à soi-même est de se trouver en dehors de leur champ d'action. S'étant aidé soi-même, on aidera les autres en leur expliquant le système des décideurs politiques, qui est, en exaltant les idéaux collectifs, de piéger les individus, de sorte que l'on se trouve un jour à hurler de douleur et à crier « maman », au milieu des barbelés, sans secours.

XXI

Si un professeur allemand

Pour, comme je le fais, rêver avec des « si », je m'autorise de l'exemple d'Alain. Il se demande « ce qui serait arrivé au cours du procès Dreyfus si Lagneau avait vécu jusque-là ». Bien qu'ayant « un fort préjugé contre les Juifs », se serait-il néanmoins jeté « sans précaution, et tout entier, dans le chemin de la justice » ? Ou se serait-il « renfermé dans un silence farouche » ? « Ce qui est sûr, en tout cas, dit Alain, c'est qu'il n'aurait pas écrit dans les journaux » (*Souvenirs concernant Jules Lagneau,* Gallimard, 1925, p. 42). Si Alain, qui a connu le « Grand Homme », ne peut répondre, ce n'est pas moi qui le pourrais.

Or, dans la même page, Alain nous dit ceci : « Un professeur allemand ayant désiré entendre une de ses leçons, Lagneau ne put prendre sur lui de lui parler. » Il n'approuve pas son Maître de manquer ainsi au « devoir homérique de l'hospitalité ». Quant à moi, je ne puis approuver Alain. Je comprends le Lorrain Jules Lagneau, né à Metz, franc-tireur à Sedan, enfermé à Metz pendant le siège, puis combattant dans l'armée de Faidherbe, d'avoir peine à accorder la fraternisation de la parole à celui qui reste l'ennemi. Je ne dis ni que je l'approuve ni que je le désapprouve ; mais sans l'approuver, je n'admets pas qu'on le désapprouve. Et s'il me faut choisir un côté – ce que, toutefois, je préférerais éviter –, je suis de son côté.

J'ai eu, dans les années 1970, des étudiants allemands. Je n'ai vu en eux que des étudiants « comme les autres ». Mais je n'avais pas en tête que la ville où j'étais né était sous le joug de l'ennemi ; je n'avais pas été le combattant héroïque d'une guerre perdue, etc. Puis-je me poser la question : Si j'avais été à la place de Lagneau, qu'eussé-je fait ? Cela a-t-il un sens ? Il le semble. À propos de Mers El-Kébir, de Gaulle dit : « *À la place des Anglais,* j'aurais fait ce qu'ils ont fait » (cité par Peyrefitte, *C'était de Gaulle,* I, p. 145). Si, n'étant pas Lagneau, mais étant moi-même, qu'aurais-je fait si je m'étais trouvé à la place de Lagneau ? À cette question, je ne puis répondre que ceci : je n'en sais rien. Il est toutefois une chose que je sais, c'est qu'une réaction comme celle de Lagneau était, venant de moi, tout à fait *possible* –, mais la réaction de courtoisie l'était aussi. Au fond, je sympathise avec la position de Lagneau, et je m'étonne qu'Alain n'ait pas assez d'amitié pour son « Grand Homme » pour être de son côté, même lorsqu'il a tort.

XXII

Si mon père avait été mon confident

Si mon père avait été mon confident, si je lui avais ouvert mon cœur, si je l'eusse écouté et qu'il m'eût écouté, eussé-je été très différent ? À la vérité, pour supposer cela, il faut me supposer être un autre. Quelle qu'ait été l'affection que j'eus pour mon père, je ne m'imagine pas lui parlant à cœur ouvert, ni lui demandant conseil, persuadé toujours que c'était à moi seul de faire face à mes problèmes, par ma seule énergie.

Je songe au père de Karl Marx, que Karl aimait tant qu'il en avait toujours sur lui une photo « d'après un vieux daguerréotype », dit Eleonor, sa fille. Fils et frère de rabbins, il avait rompu avec le judaïsme. Baptisé en 1816, à l'âge de 34 ans – deux ans avant la naissance de Karl –, il était devenu protestant. Il était rousseauiste et kantien. Il haïssait l'absolutisme napoléonien et tout absolutisme. Tout cela se retrouve chez son fils. « La religion israélite m'inspire de la répulsion », écrit-il (cité par B. Nicolaïevski et O. Maenchen-Helfen, *Karl Marx*, Gallimard, 1937, p. 14). Il cherche le secret de cette religion dans la « base temporelle du judaïsme » : « Quel est le culte temporel du Juif ? Le trafic sordide. Quel est son Dieu temporel ? L'argent » (cité *ibid.*, p. 15). C'est pourquoi Marx, lorsqu'il avait de l'argent, avait hâte de s'en dessaisir, quitte à plonger les siens dans la misère. En février 1848, il obtint de sa mère, non sans de pénibles négociations, 6 000 F pour sa part de l'héritage paternel. Il en consacra 5 000 à acheter des armes pour les ouvriers bruxellois selon la police, en tout cas à des fins politiques, qui, pour lui, passaient avant les besoins personnels. En 1849, à Cologne, la situation pécunière de son journal, la *Neue Rheinische Zeitung*, étant devenue précaire en dépit de son succès, Marx y investit le reste de son héritage, consacra même au journal l'héritage de sa femme. On a parlé, à propos de certains Juifs, de « haine de soi ». Le terme n'a-t-il pas sa place ici ? Le corrélat de cette haine était l'amour de l'humanité. Marx écrivait, à l'âge de 17 ans : « Lorsque nous avons choisi la profession dans laquelle nous pouvons le mieux servir l'humanité, les faix ne peuvent nous courber car ils ne sont que des sacrifices qui profitent à tous. » Paul Lafargue rapporte que le mot de prédilection de Marx était : « travailler pour l'humanité » (*op. cit.*, p. 21). Mais à Londres, Jenny manque d'argent pour acheter un cercueil lors de la mort de son enfant. La faute à qui ? Lorsque Karl avait fait part de ses fiançailles – secrètes – avec Jenny, son père, qui l'aimait comme père et comme ami, avait eu un doute : Karl était-il capable de « répandre le bonheur *autour de lui* » ? Or, ce bonheur, malgré la misère, parfois sordide, exista bien, mais il fut l'œuvre du dieu Amour.

Je songe au père de Jean Cavaillès, protestant comme Heinrich Marx, homme de fidélité, de devoir et d'honneur, mais comme officier de l'armée française, que son fils avait vu, à la revue du 14 juillet, sur son cheval « Fakir », à la tête de sa compagnie. « Nous étions fiers de lui, écrit Gabrielle Ferrières, sœur de Jean, et nous ne savions pas encore très bien si c'était la France ou notre père que notre cœur aimait tant » (*Jean Cavaillès. Un philosophe de la guerre,* Éd. du Félin, 2003, p. 34). Marx écrit à Siegfried Meyer le 30 avril 1867 : « Pourquoi ne vous ai-je pas répondu ? Tant que je pouvais travailler, je devais réserver *tous* les moments pour terminer mon œuvre, à laquelle j'ai sacrifié santé, bonheur de vivre et famille [...]. Si l'on voulait être une brute, on pourrait évidemment tourner le dos aux souffrances de l'humanité et ne s'occuper que de sa propre peau. » On a, avec Cavaillès, le même sacrifice de soi, mais ce à quoi il se refuse à « tourner le dos », c'est à la souffrance de la France meurtrie. Le mot de Kant, « impératif catégorique », se retrouve chez l'un et chez l'autre. Marx parle de l' « impératif catégorique d'abolir toutes les conditions sociales dans lesquelles l'homme est un être dégradé, asservi, abandonné, méprisable » (in *Œuvres,* Pléiade, III, p. 390). Alors qu'il est à Londres, en février 1943, pour voir de Gaulle, Cavaillès explique à la jeune fille qui lui sert de guide que la Résistance est pour lui un « impératif catégorique » (*op. cit.,* p. 206). Ce rapprochement Marx-Cavaillès fait voir de quel côté le sacrifice est le plus grand. Car Marx sacrifie sa santé, son bonheur de vivre, sa famille, mais *non son œuvre,* ce qui, dans sa vie même, est la justification de cette vie, son essentiel, son être. Or, c'est son œuvre, déjà entamée, mais surtout riche en promesses, dont Cavaillès fait le sacrifice. Celui qui sacrifie sa vie pour autrui accomplit un acte héroïque. Mais la vie est ce que nous avons, non ce que nous sommes. D'un plus haut degré de noblesse est le sacrifice de son essentiel, de son être même.

Lorsque Cavaillès rédigeait sa thèse, *Méthode axiomatique et formalisme,* sa mère tapait le manuscrit sur sa machine à écrire, son père ajoutait les notes, mettait les signes et les citations grecques. Après sa soutenance, il lui écrit : « C'est une bien chère habitude, depuis les bachots, la licence, et surtout l'entrée à l'École que tu sois, que ta pensée soit constamment avec moi comme un guide qui donne confiance » (*op. cit.,* p. 140). En janvier 1944, devant le tribunal militaire allemand, alors qu'on l'interroge sur les motifs de ses actes, il répond simplement qu'il était fils d'officier et qu'il a appris de son père à aimer son pays. Avoir un père qui soit à la fois un guide et un ami, j'essaie de concevoir cela. Je crois que l'on s'en trouve plus fort et plus libre ; car, dès lors que l'on fait sien son haut idéal, on se trouve porté naturellement vers les choix les plus difficiles. Canguilhem a dit que Cavaillès avait été résistant « par logique ». J'entends que le choix de *résister* était le seul qui soit cohérent avec ce qu'il avait été jusque-là : un amant de la vérité et des valeurs les plus nobles, un admirateur de Kant, et, avant tout, un patriote – le patriotisme, ouvert aux valeurs d'universalité, étant à ne pas confondre avec le nationalisme, qui se ferme à ces valeurs (la démocratie, la justice, etc.).

Je ne me sens pas le droit d'admirer Marx, héraut de la Révolution, ou Cavaillès, un héros du patriotisme. Je conçois que Canguilhem, qui fut résistant, admire Cavaillès. Mais moi, à quel titre serait-ce ? L'admiration, dit le *Petit Larousse,* est « un sentiment de satisfaction, de joie, éprouvé à l'égard de quelqu'un qui réalise un certain idéal ». Je reconnais la valeur de l'idéal de Cavaillès, la valeur de celui de Marx. Ils sont pour moi *dignes* d'admiration. Mais je ne m'autorise pas une telle admiration, car l'idéal du patriote n'est pas le mien, ni l'idéal du révolutionnaire. Que Marx veuille mettre fin à l'injustice sociale, que Cavaillès veuille mettre fin à l'occupation étrangère, ce sont là de hauts idéals. Mais je repousse, en ce qui me concerne, les sacrifices qu'ils supposent. J'aime mon pays, et je suis heureux qu'il ait recouvré la liberté. Mais je ne suis pas patriote au point d'entonner le vieux chant des Girondins :

Mourir pour la patrie
C'est le sort le plus beau, le plus digne d'envie.

Je ne crois pas cela. S'il me faut choisir, je préfère vivre dans un pays soumis, mais *vivre,* que de mourir en combattant. Du reste, j'ai aussi mon idéal – qui se ramène à la quête philosophique de la vérité – et qui suppose aussi des sacrifices. Il y a les sacrifices dont je suis capable, et ceux dont je ne suis pas capable – dont je *choisis* de n'être pas capable.

Si je ne puis suivre Marx ou Rosa Luxembourg, Jean Moulin ou Cavaillès – à qui, toutefois, je rends les honneurs –, cela tient peut-être à la différence, à l'abîme, qu'il y a entre la classe sociale à laquelle ils appartenaient et la mienne. Jacques Baumel parle de « l'imperméabilité des classes sociales », à Marseille, dans les années 1930 (*Résister,* Albin Michel, 1999, p. 26). Mais la disjonction des classes était générale en France. Cavaillès a étudié au lycée, moi au cours complémentaire ; il a fait du grec, de l'allemand, et moi non ; l'été, il allait en vacances : il n'avait pas à travailler la terre ; avec l'argent de son père ou des bourses diverses, il est allé maintes fois à l'étranger, notamment en Allemagne, où il a rencontré bien des personnalités éminentes ou intéressantes, etc. : à ce jour, je ne suis encore allé ni en Angleterre ni en Allemagne, faute d'assez bien parler l'anglais et l'allemand ; il avait toute la culture artistique, musicale, que l'on peut avoir dans un milieu bourgeois : moi-même, à l'âge de 22 ans, n'étais encore allé ni au théâtre, ni au concert, ni n'avais vu une exposition. Que l'on ne soupçonne pas une quelconque envie. Je n'éprouve jamais rien de tel. Mais il me faut m'expliquer ce qui me fait me sentir à une distance immense des êtres admirables dont je viens de parler.

Le paysan n'est ni un bourgeois, ni un prolétaire, il est autre. Je songe ici au paysan de la première moitié du XXe siècle, tel que je l'ai connu. Les paysans d'aujourd'hui ne lui ressemblent guère. Il n'était pas question, en 1930, de revendiquer. Que la condition du paysan puisse changer, on ne l'espérait pas. On était fataliste et résigné. Aucune aide ne venant de nulle part, il ne s'agissait que de parvenir à vivre et à faire vivre sa famille par un travail acharné. Un idéal tel que les bourgeois au cœur libéré de l'obsession matérielle pouvaient en concevoir, eût été un luxe. Sous l'Occupation, l'ennemi étant là, il y eut, certes, des paysans patriotes. J'en ai connus – dont mon père ! Mais la plupart s'en tinrent à un attentisme prudent, s'efforçant seulement parfois de gagner un peu d'argent avec le « marché noir ». Mon père ne m'avait fait miroiter aucun idéal autre que celui d'être fonctionnaire, avec un traitement « qui vous tombe tous les mois ». Mon idéal, que j'ai défini par moi-même, fut quelque chose à quoi il n'avait jamais songé, ni personne autour de moi, mais qui résultait de l'essor naturel de ma raison. Je n'eus d'ailleurs, par la suite, le soutien d'aucun maître, et je ne suis le disciple de personne.

XXIII

Si je veux être heureux

Si, refoulant la tristesse, je veux être heureux, je n'ai qu'à revivre en pensée l'une des dernières journées ordinaires que Mimi, ma femme, a passée à la maison – dans notre maison de Treffort –, avant d'être hospitalisée, le 30 novembre 1997, à la clinique de Bourg-en-Bresse et d'y mourir le 5 décembre.

Je n'ai pas le talent de l'auteur de *Vingt-quatre heures de la vie d'une femme,* mais je n'en ai pas besoin, me bornant à rapporter des faits, sèchement. Et si je rapporte les menus faits de notre vie en ces jours auxquels je songe, alors que je ne puis prétendre faire une œuvre littéraire, c'est tout simplement que ce récit est pour moi le moyen de vivre un peu, de passer une journée, avec celle qui maintenant est totalement absente.

Je me lève vers 5 heures. Après 6 heures, je lis ou je travaille dans mon bureau. Si Mimi m'a entendu et a eu quelque chose à me demander, elle a allumé sa lampe de chevet. J'ai vu la lumière, suis allé dans sa chambre, ai fait ce qu'elle souhaitait : je lui ai donné un demi-temesta®, lui ai frictionné les jambes, surtout la gauche, ai mis un coussin sous ses chevilles. « Veux-tu un peu plus de chaleur ? » Alors, je mets parfois le chauffage électrique. Mais dans l'ensemble, elle a été bien chauffée à Treffort.

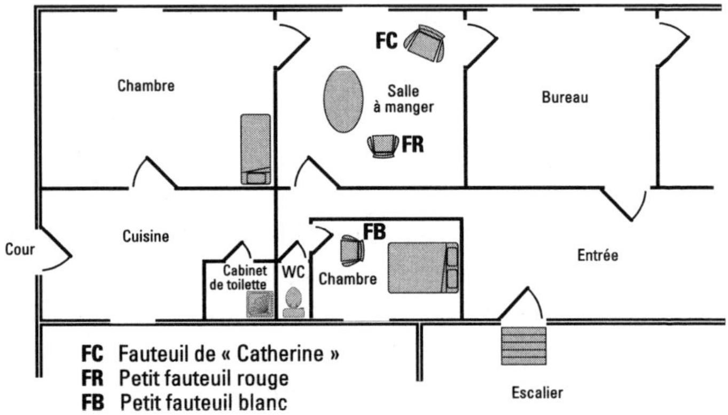

Vers 7 heures, elle m'entend préparer dans la cuisine la nourriture des chats, puis ouvrir la porte sur la cour, éloigner les minets qui, autrement, volontiers entreraient ; elle sent un souffle d'air froid. Tandis qu'elle repose encore, je m'affaire dans la salle à manger. Vers 7 heures et demie, je lui donne son médicament (elle a la maladie de Parkinson) : une pastille bleue de sinemet®, un cachet blanc de dopergine®. Elle les laisse fondre dans sa bouche. Je lui donne des morceaux de biscotte trempés dans de l'eau pour l'aider à avaler. Vers 7 h 40, je la laisse dormir, referme les portes de sa chambre. Je prends mon propre médicament, déjeune en écoutant Europe 1, puis je vais faire les courses : je suis toujours le premier à la boucherie Prost, des premiers à la boulangerie. Je prends pour elle un bifteck « dans le filet » ou une escalope de volaille, parfois une tranche de foie ou de jambon. À 8 h 40, je la réveille. J'ouvre toute grande la fenêtre de sa chambre et la porte sur la cuisine. Je l'aide à s'asseoir sur son lit, je lui passe ses mules, l'aide à enfiler sa robe de chambre. Je lui donne son peigne noir. Elle tente de se peigner : je prends le peigne à mon tour et achève. En la soutenant avec le bras gauche, je l'aide à se tenir droite, afin de pouvoir détacher la couche de la nuit. J'ai placé devant elle le déambulateur. Elle s'est assise au bord du lit. Après bien des efforts, elle parvient à se lever seule, à prendre en mains le déambulateur. Elle va à grand-peine aux toilettes, puis tente de se débarbouiller. Lorsque je la sens prête à aller dans la salle à manger, je prépare le thé. Deux tranches de brioche grillées et beurrées l'attendent à sa place, en alternance, d'un jour à l'autre, avec trois biscottes beurrées. Elle gagne son petit fauteuil rouge, vérifie son visage dans son petit miroir rond à bordure noire, se met du collyre pour les yeux, enfin se décide à manger. Elle mange, lentement, jusqu'à 9 h 45 environ. Alors, elle retourne au cabinet de toilette et se lave presque complètement, faisant le travail de l'infirmière. Lorsque celle-ci arrive, elle n'a souvent qu'à l'aider à s'habiller – car ma femme a voulu en faire le plus possible par elle-même, jusqu'à la fin. Ou bien, l'infirmière arrive, parachève sa toilette, parfois lui donne une douche. Habillée, ma femme, s'aidant du déambulateur, guidée par l'infirmière, va cahin-caha jusqu'au « fauteuil de Catherine » – fauteuil de sa grand-mère, que Catherine a donné pour elle, que j'ai ramené en voiture de Verdelot –, s'y laisse aller et glisse vers un léger sommeil, en attendant le médicament de 11 h 30. À la porte sur la rue, je ramasse le courrier, lui dis ce qu'il y a pour elle : surtout des appels de fonds d'associations caritatives, rarement des lettres – la plupart de ses amies sont mortes.

À 11 h 30, je lui donne son médicament : une pastille bleue ou une et demie, un cachet blanc. Je dispose près de son fauteuil, sur une chaise, un verre d'eau et une ou deux biscottes. Elle se sert elle-même. Je lui demande ce qu'elle veut pour déjeuner, avec son bifteck ou son escalope : ce sera de la purée ou du riz. Elle accepte parfois, comme entrée, un demi-avocat. Vers midi dix, je mets la table. Elle s'arrache avec grand-peine de son fauteuil, va ou ne va pas aux toilettes, puis s'installe dans son petit fauteuil rouge. Je mets devant elle l'assiettée de purée avec le bifteck, que j'ai coupé en petits morceaux, ce qu'elle ne peut faire, et je n'oublie pas le jus. Je mange en écoutant Europe 1 ; à peine a-t-elle commencé que j'ai déjà fini. Après mon dessert – une pomme –, je lave mon assiette, puis je m'installe sur le divan avec *Le Figaro* et *Le Monde,* tout en la regardant manger. Elle mange le tiers ou la moitié de son assiettée : le reste est pour les chats. Vient le moment du « bio » – le yaourt – avec, souvent, soit une demi-poire, soit une demi-part d'une pâtisserie aux framboises ou à la fraise.

Vers 1 h 30, je lui dis : « C'est le moment de marcher. » Je l'aide à se tenir debout, lui mets la canne dans la main droite, la soutiens sous le bras gauche. Les années précédentes, nous sortions, allions marcher dans le chemin devant la maison, puis ce fut au haut du clos, jusqu'au banc qu'en 1994, tandis qu'elle était à Hauteville, j'avais fait installer à côté du noyer. Durant l'été 1996, il nous est arrivé souvent de rester ensemble assis sur le banc, et regardant les arbres, les fleurs, le vol des oiseaux. Mais en 1997, elle n'a plus voulu sortir, et nous marchions seulement dans le couloir, en allées et venues : trois en général, quatre les bons jours. Pendant la marche, elle tombait régulièrement vers l'avant ou faisait du surplace, ne parvenant pas à mettre ses pieds l'un devant l'autre. Je lui disais : « Fais des enjambées », et elle faisait une enjambée, ou : « Fais des pas », ou : « Tu vas tomber, redresse-toi », et, docilement, elle se redressait, se retrouvait bien droite un moment. Au bout de trois allées et venues, elle disait : « On a fait trois tours, c'est assez », ou : « Faisons-en un quatrième. » Puis elle allait aux toilettes et ensuite se lavait les dents. Elle lavait soigneusement, avec du stéradent®, les dents du haut, les dents du bas – qui n'étaient plus les siennes. Cela durait longtemps, tellement qu'il arrivait parfois que l'effet du médicament de 11 h 30 étant épuisé, elle se trouvait bloquée. J'allais chercher le fauteuil roulant ; après bien des efforts, j'obtenais qu'elle se tienne debout, le temps de se laisser retomber sur le siège. Je la conduisais à son petit fauteuil blanc près des toilettes, où elle restait, craignant toujours, de par ses problèmes digestifs, une diarrhée subite alors qu'elle serait bloquée. Elle souffrait de l'estomac, du ventre, me demandait tantôt un médicament, tantôt un autre, d'où résultait, on non, un soulagement. 15 h 30 était l'heure, à nouveau, du médicament. Les nausées, dans les derniers temps, rendaient la prise difficile. Elle me demandait du sopalin, qu'elle tenait devant la bouche, craignant de vomir. Je lui attachais un tablier, ajoutais une serviette. Sur une chaise, près d'elle, étaient le verre d'eau, les biscottes. À côté venait bientôt la tasse de thé, avec un biscuit à la cuillère. Souvent le thé refroidissait sans qu'elle le bût ; je le faisais réchauffer.

Les jours où tout se passait bien, ma femme retrouvait sa mobilité vers 17 heures. Alors il m'arrivait, quoique inquiet, d'aller faire une promenade d'une heure environ. Quand je revenais, elle s'était parfois déplacée jusque dans sa chambre, ou encore était dans la salle à manger, nettoyant la nappe, ramassant les miettes dans une boîte. Vers 19 heures au plus tard, en général vers 18 h 30, elle retrouvait le petit fauteuil rouge, dont l'étoffe, sur les bras, s'était usée, mais que Mlle Authier, la grande amie de la dernière année, avait remplacée. Elle me faisait mettre le fauteuil « en parallèle » avec la table : ainsi avait-elle le déambulateur devant elle. La douleur aux jambes revenait ; elle me demandait de la frictionner. À 19 heures, ayant fait chauffer le bouillon de légumes, je le versais dans son assiette, sur une biscotte que j'avais brisée. Elle mangeait très lentement, tandis que je mangeais de mon côté, en prenant les informations. Ce qui venait après le bouillon était variable. Encore ne voulait-elle rien, en général, avant le médicament de 19 h 30 : un sinemet® et demi, un cachet de dopergine®. Ensuite, un peu de hachis parmentier, ou un demi-œuf dur bien écrasé, ou un morceau de fromage de comté que j'avais coupé en petits morceaux – car elle n'avait plus la force de le couper elle-même –, ou deux cuillerées de purée de pommes de terre aux carottes, et enfin, pour finir, un demi-verre de compote de poire, à laquelle j'avais ajouté de la gelée de coing. La douleur aux jambes fréquemment revenait, et je la frictionnais à nouveau. Vers 20 h 30, nous connaissions un moment de répit. Elle allait jusqu'au cabinet de toilette pour les soins de la bouche (c'est, ce faisant, que son déambulateur bascula, qu'elle tomba, et, le 29 novembre, se brisa le col du fémur pour la seconde fois).

Mlle Authier arrivait vers 21 h 30 pour lui tenir compagnie, et l'aider à se coucher. En allant, de mon côté, dans ma chambre, j'entendais Mlle Authier parler fort et rire ; Mimi était heureuse de cette présence et souvent, elle aussi riait. Denise Authier aimait les matches, on « allumait » pour elle la télévision : en voyant les joueurs, l'une s'exaltait comme une fanatique, l'autre s'amusait de l'exaltation de son amie. Le dimanche soir, nous regardions un film, un policier souvent, qui n'amusait guère que moi, mais Mimi était heureuse d'être à côté de moi, au cinéma. Souvent, je lui ai, de Paris, apporté des cassettes. *L'impossible monsieur Bébé, L'extravagant Mr. Deeds* et *Indiscrétions,* sont les dernières qu'elle ait vues et aimées. Elle m'avait demandé *Sérénade à trois* et *La huitième femme de Barbe-bleue.* Je les ai cherchées, et même commandées, sans succès. Existent-elles seulement ?

XXIV

Si la Bérézina n'est pas « de sinistre mémoire »

Si j'écrivais l'histoire, je ne parlerais pas de la Bérézina comme « de sinistre mémoire ». Je ne nierais pas qu'il y eut des scènes affreuses, le 28 novembre 1812, lorsque les attardés voulurent tous à la fois s'engager sur les ponts (ils auraient pu passer tranquillement dans la nuit du 27 au 28, où les ponts étaient vides, mais ils s'attardèrent à Studianka où ils avaient du bois et des vivres). Mais je ne ferais pas du « passage de la Bérézina » un synonyme de catastrophe, car la catastrophe eût été que le gros de l'armée ne passât pas, parce que les Russes l'en auraient empêché.

De quelle armée s'agit-il ? De la « Grande Armée ». J'expliquerais que la Grande Armée comportait le centre et les ailes, que les Prussiens, commandés par York, occupaient l'aile gauche, les Autrichiens, commandés par Schwarzenberg, l'aile droite (que d'ailleurs les uns et les autres, au moment du retour, passèrent en masse à l'ennemi), que non pas le centre, mais seulement une partie du centre parvint à Moscou : c'est ainsi que, lors de la bataille de la Moskowa, le 7 septembre, de l'entrée dans Moscou, le 14 septembre, le maréchal Gouvion-Saint-Cyr reste à occuper Polotsk. Ainsi s'explique qu'à la Moskowa, Napoléon dispose, selon les sources, de 103 000 à 135 000 hommes, sur les 325 000 qui, selon le général Marbot, avaient passé le Niémen, près de Kovno (= Kaunas), le 24 juin 1812.

Napoléon, espérant conclure la paix, mais mené en bateau par Koutousov et Alexandre, s'attarde à Moscou jusqu'au 19 octobre. Il pense gagner Kalouga. Mais le sanglant combat de Malo-Jaroslawetz, le 24 octobre, le fait se décider à la retraite et se rejeter sur la route par laquelle il était venu, la route de Smolensk. Sous la pression des Russes, l'armée ne peut, en effet, que s'affaiblir sans cesse. Napoléon a perdu 28 000 hommes à la Moskowa, 3 000 à Winkowo, 6 000 à Malo-Jaroslawetz. Il va en perdre 4 000 à Wiazma le 3 novembre, 3 000 à Smoliany le 14 novembre, d'autres ici ou là, et puis dans les combats de Borisov sur la Bérézina.

Napoléon entra à Borisov le 25 novembre, accueilli par Oudinot et ses 6 000 hommes, lesquels venaient de Polotsk, non de Moscou, et avaient belle figure, au moins en comparaison de ceux qui venaient de Moscou. La Bérézina, affluent du Dniepr, coule du nord au sud. L'on était sur la rive gauche. Il s'agissait de passer sur la rive droite. Des ponts étaient nécessaires, car la rivière, bien que chariant des glaçons, n'était pas gelée. Napoléon comptait passer à Borisov, dont le pont était gardé par le régiment polonais de Dombrowski ; il était si confiant que, pour alléger la marche de l'armée, il avait fait brûler à Orscha tous ses équipages de pont. Mais les Russes s'emparèrent du pont de Borisov et y mirent le feu.

Fort heureusement, Corbineau, qui venait de Polotsk avec sa brigade de cavalerie et longeait la Bérézina sur sa rive droite, ayant à la traverser pour rejoindre Napoléon, fut guidé par des paysans jusqu'à un gué se trouvant en face du petit village de Studianka, à quatre lieues en amont de Borisov. Napoléon, informé, décida que la traversée aurait lieu à Studianka. Mais en même temps, il simula la construction d'un pont en aval de Borisov, devant le village de Oukoloda. L'amiral Tchitchakov, qui avait mission de couper la retraite des Français, se laissa prendre à cette ruse, faisant descendre en face d'Oukoloda les troupes qu'il avait à Borisov et en amont. Cette faute le fit plus tard accuser de trahison ; il fut mis en « congé illimité » par Alexandre et quitta la Russie. *Felix culpa* qui permit aux pontonniers du général Eblé de jeter deux ponts sur la Bérézina le 26 novembre. L'armée, à l'exception du corps de Victor et des traînards, traverse la rivière le 26 dans l'après-midi et le 27 – Napoléon le 27 – et se retrouve sur la rive droite – Victor, sur la rive gauche, avec une multitude d'isolés, devant couvrir le passage de la rivière, puis franchir les ponts et les détruire.

Le 28 novembre, Napoléon, qui dispose de 30 000 hommes, bataille contre Tchitchakov qui est revenu de son erreur, et le défait grâce à ses cuirassiers, venus de Polotsk, qui sabrent les fantassins russes. Il fait 2 000 prisonniers et s'ouvre la route de Wilna (= Vilnius). Sur la rive gauche, Victor, qui dispose de 10 000 hommes, dont les escadrons du général Fournier, lutte toute la journée du 28 contre les 40 000 Russes de Wittgenstein, franchit les ponts dans la nuit et le 29 au matin, ceux-ci sont incendiés.

Victoire française dans la mesure où l'armée russe a échoué à empêcher le passage de la rivière.

XXV

Si elle est celle que l'on ne peut rencontrer

Si je voulais rencontrer Greta Garbo, comment le pourrais-je ? Garbo est la reine Christine, elle est la Dame aux camélias, elle est Ninotchka ou Marie Walewska, ou Grusinskaja, la ballerine désabusée de *Grand Hôtel,* etc. ; elle n'est pas Greta Garbo, car Greta Garbo n'existe pas. Elle n'est rien d'autre que ses diverses incarnations. Mais n'est-elle pas Greta Gustafsson ? Nullement. Car Greta Gustafsson est tout autre que la reine Christine, Ninotchka, etc., rôles en lesquels s'épuise l'être de Garbo.

Greta Lovisa Gustafsson descend de générations de paysans. Elle est la fille d'un ouvrier agricole, d'un père malade qu'elle devait accompagner chaque semaine à l'hôpital où ils attendaient longtemps leur tour. Elle ne fut jamais une bonne élève, dut travailler à 14 ans : c'était chez un coiffeur. Par la suite, elle se fit souvent qualifier de paysanne, à juste titre : elle l'était par sa gaucherie dans le monde, sa garde-robe sans chic ni élégance, son absence de coquetterie, son ignorance du maquillage et des parfums, son esprit d'économie jusqu'à l'avarice, avec sa crainte de « manquer ». Sa tristesse ontologique, qu'elle tenait de son héritage d'ascendants tristes, se doublait d'une timidité et d'un recul peureux devant les nouveautés du monde, les usages, les conventions. Elle se savait ignorante et, en effet, ne fut jamais cultivée, malgré les efforts d'amis ou d'amies, comme Mercédes d'Acosta, pour l'initier à la musique, à la poésie, à la peinture, à la littérature.

Sa profonde solitude fut double : solitude de la paysanne et solitude de l'artiste. La paysanne ne rêvait que d'être chez elle, en Suède ; elle haïssait Hollywood, qui s'était moqué d'elle, de son manteau de confection, de ses robes sans forme, de ses souliers plats, l'avait humiliée, sachant mal l'anglais ; elle avait toujours craint de commettre des impairs, d'être ridicule : aussi préférait-elle le silence à la conversation. Et Greta ne se sentait pas concernée par le mythe Garbo ; le culte hollywoodien de la personnalité la laissait insensible et embarrassée de cette Garbo dont la Greta ordinaire n'avait nul besoin, et qui en était empêchée de vivre simplement, comme tout le monde. Ce sont les humbles qui sont les plus ponctuels, car ils vivent dans la crainte des forces qui gouvernent le monde. Greta arrivait à son travail toujours à l'heure et elle travaillait ses rôles beaucoup chez elle. L'idée qu'on n'arrive à rien sans travailler était l'une de ces idées dont elle avait hérité. Et justement parce qu'elle avait soigneusement préparé son rôle, elle n'avait guère besoin qu'une scène soit répétée. C'est aussi parce qu'elle manquait de confiance en elle qu'elle voulait avoir tout prévu. Cependant, parce qu'elle manquait de confiance, elle laissait le metteur en scène vouloir pour elle ; elle était passive, docile comme une matière attendant qu'on lui donnât forme.

Son génie tient à sa capacité de faire totalement abstraction de l'univers et du réel communs, de passer dans un autre univers où elle se donne tout entière à son rôle, où elle se vit étant Camille, Ninotchka ou Anna, devient en émotion, âme et esprit ces personnages, se laisse habiter par eux, elle, Greta, s'étant annulée. Cela ne lui est possible que si elle se sent seule sur le plateau, celui-ci étant vidé de tout regard : qu'elle se sente observée, admirée, le charme est rompu, car l'univers et le réel communs rappellent leur présence. Dans les temps de repos, l'artiste ne veut pas sortir de son rêve. Elle est, par rapport à ses compagnons de tournage, comme un somnambule, incapable des plus simples et naturelles relations affectives.

Greta pâtit de Garbo. Elle s'est totalement donnée à ses créatures, les a animées d'une vie si intense qu'elle n'a rien gardé pour elle et sa vie ordinaire.

Elle aura des *love stories,* des amitiés, des moments de gaieté, voire de joie, mais sur un fond d'indifférence. Sa confiance en elle était fragile. Après l'échec de son dernier film, en 1941, elle ne la retrouvera pas. Elle vivra un demi-siècle dans un quasi-désespoir, ne sachant pas vieillir, parlant de sa « vie gâchée », incapable de l'exaltation d'amour dont elle a fait don à ses créatures, ne rencontrant pas, peut-être, la profonde tendresse, qui, au-delà des compagnies agréables, des amitiés tranquilles, eût pu la sauver, en libérant, en donnant vie enfin à Greta par-delà Garbo.

XXVI

Si de ce que l'on fait il faut voir la fin

Luigi peut dire que je suis faible. Le fort, pense-t-il, ne se laisserait pas arrêter par l'obstacle, qui n'en est peut-être pas un, car qui sait si, avant de mourir, je n'aurais pas le temps d'écrire cet *Empédocle* qu'il me fait une obligation de mettre à côté de mon *Héraclite*. Celui qui saurait qu'il doit être guillotiné demain serait paralysé : or, pour qui a 83 ans, la mort n'est-elle pas pour demain ? Ou du moins, le faible serait paralysé, le fort ferait le meilleur usage des heures qui lui restent : mais est-ce force ou manque d'imagination ? Le refus de travailler à un *Empédocle* vient-il de ce que je vois la mort trop proche ? Je réponds à Luigi que je n'ai tout simplement pas envie de passer les derniers jours de ma vie à faire une critique de textes, à réétudier ou relire Bollack ou Bignone. Il réplique que cette absence d'envie découle de ma peur de ne pouvoir aller au bout de ce que j'aurais entrepris, de sorte que je laisse la mort décider pour moi, ce qui est faiblesse. Montaigne ne dit-il pas qu'il faut planter ses choux quand c'est le moment, même si le travail doit rester inachevé ? Oui, mais le rapprochement n'est pas valable, car le moment d'une plantation est fixé par le ciel et la Nature, tandis que le moment et la durée d'un travail érudit, c'est moi-même qui les fixe. J'avoue ne pouvoir m'engager dans une activité personnelle sans l'espoir d'en voir la fin : il en va autrement, bien sûr, s'il s'agit de prendre part à une activité collective.

Voyez ces « Avec des "si" » : ce sont de petits développements qui supposent seulement, chacun, que je me donne quelques heures de vie. Est-ce faiblesse, de ne pas s'engager dans une tâche qui supposerait que je vive des années ? Je ne le crois pas : une telle restriction de l'activité est raisonnable ; car il est raisonnable de mettre de son côté les plus grandes chances de donner sens à ce que l'on fait en le menant à bien. Si je pensais pouvoir écrire cet *Empédocle* en une semaine, je devrais me mettre au travail sans tarder une minute. Mais l'*Empédocle* que j'écrirais en quelques jours ne serait qu'un *Empédocle* de plus, fruit d'une mise en forme de thèmes connus. C'est là ce que des écriveurs philosophes peuvent faire. Mais je n'ai jamais été intéressé qu'à ne faire ce que j'étais seul à pouvoir faire. Or, « mon » *Empédocle* supposerait, pareillement à « mon » *Héraclite,* des années de critique des textes, de lectures et d'analyses, d'études historiques, de réflexions – tout ce que je sais déjà devant être repris *ab ovo*.

Un second motif raisonnable de mon renoncement est celui-ci. S'adonner à la critique des sources – des documents, des textes, des témoignages –, à l'examen et à l'analyse des interprétations diverses, à un travail de synthèse d'où peut résulter la figure d'un philosophe, c'est, d'une certaine façon, s'aliéner à un champ de recherche, c'est faire le sacrifice de son propre pouvoir de penser ce qui d'emblée se donne et appelle la pensée : la Nature, dans son immédiateté. Car la philosophie n'est pas histoire, elle est réponse personnelle à l'énigme du monde et de la vie telle qu'elle nous assaille chaque jour, même si nous ne voulons pas le savoir.

XXVII

Si le nez de Cléopâtre

« Le nez de Cléopâtre : s'il eût été plus court, toute la face de la Terre aurait changé. » L'amour : « La cause en est *un je ne sais quoi,* et les effets en sont effroyables » (*Pensées,* fr. 162 Br.). Pascal a pu lire, dans Plutarque, que la guerre d'Égypte, de l'année 48 av. J.-C., n'était pas nécessaire, que si Jules César l'entreprit ce fut par amour pour Cléopâtre. Or, alors que le général Achillas était sur le point de s'emparer des navires romains, César préféra les incendier ; mais le feu, attisé par les vents du Sud, se propagea avec une telle violence qu'il dévora les entrepôts de blé au voisinage de l'arsenal maritime et de là s'étendit à la fameuse bibliothèque d'Alexandrie : ainsi, les 400 000 volumes de la bibliothèque des Ptolémées furent réduits en cendres par l'effet effroyable de l'amour. À côté de quoi ne pèse guère la jubilation qu'eut César, pendant un peu plus de deux mois, à remonter le Nil sur une *thalamègos* (gondole égyptienne), en la compagnie d'une Cléopâtre âgée de 21 ans et ardente, cela jusqu'au-delà de la première cataracte, à la frontière de l'Éthiopie.

Mais surtout, ce que Pascal peut avoir en vue, c'est la désastreuse influence que son amour pour Cléopâtre eut sur Marc Antoine, d'où résulta une vraie décomposition de son caractère et ses suites funestes. Car, quant aux jeux du flirt et de l'amour par lesquels Cléopâtre se signala tant dans ses rapports avec Cnéus Pompée qu'avec Hérode le Grand, tous deux plus jeunes qu'elle d'ailleurs, Plutarque n'en parle guère, alors qu'il revient de façon répétée sur l'effet calamiteux qu'eut le poison d'amour que l'Égyptienne, aussi ingénieuse que belle, instilla au cœur de celui qui, dans sa trentaine, avait été brillamment, en Gaule, le lieutenant de César, qui, du reste, cinq ans après, avait commandé, à Pharsale, l'aile gauche de l'armée, César commandant l'aile droite. La folie d'amour le prit à la quarantaine, alors que Cléopâtre n'était plus une jeune fille, mais, dit Plutarque, « la femme en la fleur de sa beauté ». Et Antoine de faire la guerre à contretemps, dans son impatience d'en finir avec les Parthes et de la retrouver, et de se brouiller avec Octavie, sa femme, non moins belle peut-être que Cléopâtre, mais infiniment moins captieuse et par trop exemplaire, et de céder sans cesse aux artifices de l'Égyptienne, qui, elle, le fascinait par un esprit aux saillies imprévisibles autant que par un corps chargé de rêves. Cette perte de sens fut au point, chez Antoine, qu'à Actium, encore qu'il se vît de beaucoup le plus fort sur terre, il voulut que son affaire avec Octave se vidât par un combat de mer, asservi qu'il était au vouloir de Cléopâtre, laquelle avait prémédité, si la bataille devenait trop rude, de prendre la fuite avec ses vaisseaux, ce qu'elle fit, en effet, avec ses 60 navires ; après quoi, misérablement, Antoine, s'étant jeté dans une galère à cinq rangs de rames, courut à sa suite, abandonnant son armée et ceux qui combattaient et se faisaient tuer pour lui. Et un tel changement, chez un homme jusque-là valeureux, est, en vérité, plus impressionnant que si c'est « toute la face de la Terre » qui eût été changée.

XXVIII

Si Talleyrand avait remis la lettre

Si Talleyrand n'avait pas gardé par devers soi la profession de foi que le duc d'Enghien lui avait confiée pour être remise au Premier Consul et que Napoléon en eût eu connaissance, le fils unique du prince de Condé n'eût sûrement pas été exécuté. Enlevé à Ettenheim, en pays de Bade, où, sous son commandement, un corps se formait, prêt bientôt à franchir le Rhin, il avait été, le 15 mars 1804, conduit à Strasbourg, où il avait rédigé cette profession de foi. Or, que disait-il ? Qu'il n'avait « jamais eu d'autre but que d'entrer au service de la première puissance qui rentrerait en état de guerre », que c'était l'Angleterre, ce qui laissait entendre que si c'eût été la France, c'est dans les armées de la République française qu'il fût entré dans la carrière militaire, seule façon pour lui, « après les malheurs de sa famille », de « soutenir dignement son nom ». Si Napoléon eût connu cette déclaration, et s'il l'eût crue sincère – et il l'eût crue sincère, car son auteur donnait sa « parole d'honneur sacrée » –, il est certain qu'il ne se fût pas privé de la joie et de l'orgueil d'avoir dans son armée une telle recrue. Que Talleyrand ne lui ait pas communiqué à temps cette déclaration fut, pour le Premier Consul, puis pour l'Empereur, un perpétuel sujet de reproche. Quant aux motifs de Talleyrand, il serait assez vain d'essayer de démêler les replis secrets de sa fourberie.

L'exécution du duc d'Enghien fut généralement blâmée. Las Cases en fut tellement choqué que plus tard, à Sainte-Hélène, il n'osait aborder ce sujet que l'Empereur, de son côté, « traitait souvent », se justifiant en public, mais « dans l'abandon de l'intimité », exprimant des regrets. « Le prince méritait son sort » : propos à l'intention des étrangers et des ennemis. Certains ont toujours voulu exonérer Napoléon d'une faute qui le rendait odieux. « Il semble, écrit le général baron de Marbot, que le Premier Consul n'avait pas l'intention de faire exécuter le prince et ne voulait qu'effrayer le parti royaliste qui conspirait sa mort ; mais le général Savary, chef de la gendarmerie, s'étant rendu à Vincennes, s'empara du prince après l'arrêt prononcé, et, par un excès de zèle, il le fit fusiller, afin, dit-il, d'éviter au Premier Consul la peine d'ordonner la mort du duc d'Enghien, ou le danger de laisser la vie à un ennemi aussi dangereux. Savary a depuis nié ce propos, mais il l'aurait cependant tenu, à ce que m'ont assuré des témoins auriculaires. Il n'est pas moins certain que Bonaparte blâma l'empressement de Savary ;

mais le fait accompli, il dut en accepter les conséquences » (*Mémoires,* Plon, 1898, I, p. 187). Au reste, lorsque Savary, après la paix de Tilsit en 1807, fut envoyé en mission à la cour de Russie, à Saint-Pétersbourg, la haute société refusa de faire accueil au « bourreau de Vincennes ». Car, qu'il ait agi sur ordre ou de son propre chef, il est certain que l'exécution se fit sous ses yeux.

Reste à savoir si la déclaration du duc était sincère. On fait valoir à l'encontre que quelques semaines avant son arrestation le 17 février 1804, il écrivait à Louis-Joseph de Bourbon, prince de Condé, son père : « On assure qu'il se prépare pour le printemps des expéditions intéressantes dirigées contre l'ennemi commun [...] Mon vœu serait que le gouvernement anglais fût instruit de l'extrême désir que j'ai de partager le péril et la gloire que l'on pourra y trouver. » Parlant à son père, le duc d'Enghien désigne Bonaparte comme l' « ennemi commun ». Mais Napoléon a pu dire à Las Cases : « J'ai appris qu'il m'était favorable ; on m'a assuré qu'il ne parlait pas de moi sans quelque admiration » (*Mémorial de Sainte-Hélène,* Éd. Bourdin, 1842, II, p. 475). Et le bruit avait couru qu'il envisageait de passer au service de Napoléon. Cela paraît vraisemblable si ce qui l'intéressait avant tout était d'avoir le plus de chance d'acquérir une gloire militaire.

XXIX

Si tristesses il y a

Suis-je triste ? Peut-être. Après sa thèse, soutenue en juin 1992, Catherine m'avait invité à passer quelques jours avec elle et son frère, dans les Cévennes. Nous nous retrouvâmes, le 31 août, à Saint-Jean-du-Gard. Le 2 septembre, après avoir déjeuné à Lasalle, nous allâmes voir Lola, qui gardait les chèvres dans la montagne, à la Grand-Borie, près du col du Mercou. Roumaine, elle avait quitté son pays en même temps que Cioran, qu'elle connaissait et dont elle ne pensait pas grand bien. Elle nous parla de Platon et de la beauté. Au retour, Catherine me rapporta qu'elle lui avait dit être frappée par ma tristesse. Soit !

D'autre part, la tristesse d'Yvon Belaval est une chose que j'avais ressentie lorsque nous travaillions ensemble, à la faculté de Lille de 1964 à 1966, puis à la Sorbonne, à partir de 1969 jusqu'à sa retraite en 1978, et après, tristesse aussi que j'avais vue notée par un chroniqueur dans une notice nécrologique, après sa mort, en 1988 ; et Anna-Louise Milne observe que Jean Paulhan reprochait à Belaval de « se laisser aller à sa tristesse » (Paulhan-Belaval, *Correspondance, 1944-1968,* Gallimard, 2004, p. 9).

À quoi tient la tristesse ? On est triste si l'on n'est pas heureux. Ma tristesse de septembre 1992 venait peut-être de ce que je n'étais pas heureux. Mais en ce cas, je dirai que c'est une tristesse secondaire, qui vient comme une nuance ou comme un mode de ma tristesse fondamentale, laquelle serait plutôt une sorte de tristesse ontologique, comme celle d'Omar Khayyam. Tristesse « *onto*-logique », justement parce qu'il n'y a pas d'« être » *(on)* : car « Pourquoy prenons nous titre d'estre de cet instant qui n'est qu'une eloise dans le cours infini d'une nuict eternelle ? » (je répète souvent ces mots de Montaigne, tout comme Pyrrhon avait fait son refrain du vers d'Homère : « telle la race des feuilles, telle est celle des hommes »). L'on dure si peu de temps que cela ne vaut pas la peine de dire : « Je suis. » Nous mourons définitivement à la mort, mais que faisons-nous à chaque instant que mourir à nous-mêmes – pour renaître aussitôt, oui, mais en sachant que bientôt l'on ne renaîtra plus. Il n'y aura plus de vie, et l'on vit sachant qu'il n'y aura plus de vie.

La tristesse de Belaval est autre. Elle ne vient pas d'une quelconque absence de bonheur : « Vous m'avez demandé d'où venait ma tristesse, écrit-il à Paulhan. Ma vie n'a pas été heureuse et j'ai payé terriblement cher ce qui est, souvent, presque donné aux autres. Mais ce n'est pas là ma tristesse » (*op. cit.,* p. 278) – tristesse qui ne vient pas non plus d'une méditation constante et d'une sorte de perpétuel ressentiment de la mort. Belaval explique que son « drame est de n'avoir rien fait qui intéresse (qui aide vraiment) qui que ce soit » *(ibid.)*. Il a eu à surmonter sans cesse le découragement : « Je me trouve actuellement dans un découragement éperdu, ne sachant plus si je n'ai pas tort de vouloir écrire, ou si j'ai le droit de surmonter (d'essayer de surmonter) ce découragement en continuant à publier » (p. 263). « Ce n'est pas un drame d'homme de lettres », écrit Belaval (p. 278), justement parce que *c'est* le drame de l'homme de lettres, qui ne réussit pas à intéresser, encore moins à « percer », qui n'a même pas « son » public. Il publie pourtant chez Gallimard ; il voit que cela ne suffit pas : il s'étonne.

J'ai vu, à vif, le besoin d'être « reconnue » chez Sarah Kofman. Sa souffrance venait de la disproportion entre la reconnaissance qu'elle obtint, qui est réelle, et la soif qu'elle en avait. Lorsque, à l'âge de 18 ans, je devins élève-maître au lycée de Tulle, j'obtins vite ce que je n'avais pas eu jusque-là : la « reconnaissance », tant de la part des élèves que des professeurs : parce que l'on se faisait une haute idée de mes capacités, on m'obligea à me dépasser. Depuis, j'ai toujours été « reconnu » par ceux que j'ai jugés dignes de me reconnaître ; quant à ceux qui ne veulent pas me reconnaître – j'entends comme vrai et authentique philosophe –, je sais d'après les cas de J-.F. F., A. D. et autres, que ce n'est que jalousie. Une telle jalousie, qui porte non sur les avoirs, mais sur l'être même d'une personne, est sans remède.

XXX

Si j'étais né au haut de la colline

Si j'étais né au haut de la colline, au château de la Majorie, et non dans le bas-fond, au Rodal, tandis que Marcellin de Marbot naissait, lui, au château de Larivière, et non dans la plaine qui s'étend au bord de la Dordogne, sur la rive gauche, vis-à-vis le château d'Estresse, sur l'autre rive, j'eusse eu un tout autre idéal de vie que si j'étais né, en 1782, dans la même condition de fils de paysan pauvre, qu'en 1922. La famille de Marbot était alliée à plusieurs familles nobles du pays, et faisait société avec les d'Humières, les d'Estresse, Cosnac, La Majorie, etc., et moi de même, dans cette hypothèse, j'eusse été lié, par raison familiale, aux jeunes châtelains du voisinage, et eusse été de leurs réceptions, de leurs fêtes, de leurs danses, etc. Marbot dit que son père « avait pour l'état militaire un goût très prononcé qui se trouvait journellement excité par ses liaisons avec les jeunes seigneurs des environs ». Ce goût fut aussi le sien. Il a 17 ans lorsque son père lui propose de servir dans la division qu'il doit commander en Italie : « Me voilà donc *militaire* !... housard !... Je ne me sentais pas de joie !... » (*Mémoires,* I, p. 40). Et moi, né au château, condescendant à l'égard des paysans de la plaine, j'eusse participé de l'esprit d'une brillante et oisive jeunesse, qui se voyait vouée à maintenir les valeurs de la chevalerie.

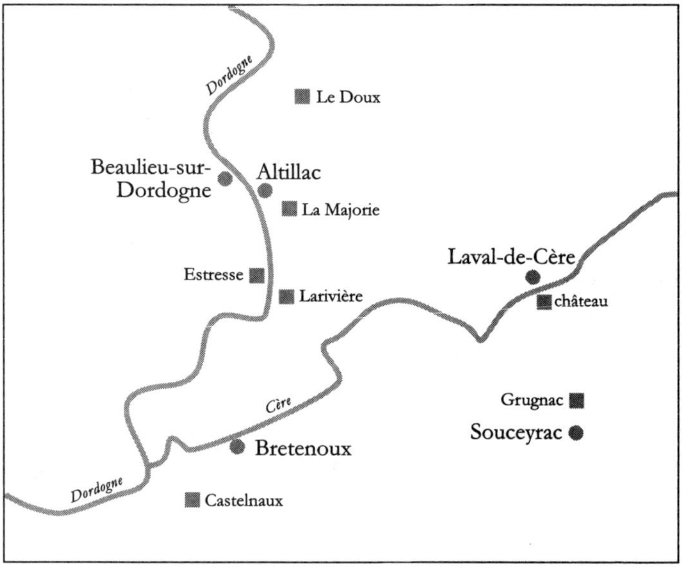

Mais mes aïeux du XVIIIe siècle n'étaient sûrement que des paysans. Le port de l'épée, la science équestre et le métier des armes n'étaient pas pour eux, destinés seulement à gratter la terre et à haleter après de difficiles récoltes. Je m'explique par une sorte d'atavisme que la détestation de l'état militaire, et l'indifférence aux valeurs de gloire et d'honneur soient comme inscrits dans mon être même. Je reconnais que l'état militaire implique une forme de courage qui élève et distingue, puisque le risque de mort y est présent et que la mort est à l'horizon. J'avoue que si j'ai moi-même une forme de courage, c'est une forme très différente. Il me plaît de me figurer que tel de mes ancêtres fut au nombre de ces paysans qui, « ameutés par quelques meneurs de Beaulieu », dit Marbot, se portèrent à Larivière, au château de son père, où, non sans beaucoup de politesse et de respect des personnes, dit-il, ils firent un feu de joie des titres de rentes féodales.

Le paysan que j'ai connu vivait dans la résignation. Il n'avait pas encore osé imiter les ouvriers ; aujourd'hui, il défie les pouvoirs publics, bataille contre les forces de l'ordre, etc. Quand il dit « non », c'est non. Auparavant, il ne disait jamais « non » – à l'État, à l'Église, aux institutions, aux ordres venus d'en haut. On lui a dit : « Va à la guerre », « Fais la guerre » ; il a fait la guerre, en écrivant chez lui : « Il ne faut pas chercher à comprendre. » Je ne suis pas un paysan comme les autres. N'ayant jamais cru que le crime fût justifié quand il était collectif, j'ai dit « non » à la guerre – et quand je dis « non », c'est non. Mon atavisme s'est traduit chez moi par un pacifisme radical. Je me sens à une distance immense des philosophies petites bourgeoises de l'ambiguïté.

Sartre, Merleau-Ponty me déçoivent. 1939 : « Je fus deuxième classe, il devint sous-lieutenant », dit Sartre, qui ajoute : « Quand je vis mes officiers, ces incapables, je regrettai, moi, mon anarchisme d'avant guerre : puisqu'il fallait se battre, nous avions eu le tort de laisser le commandement aux mains de ces imbéciles vaniteux » (*Temps modernes,* n° 184-185, 1961, p. 304, n. 1). Quel idéal ! Remplacer des incapables et des vaniteux par l'auteur de *L'être et le néant* et par l'auteur de la *Phénoménologie de la perception,* pour faire la même chose : tuer... tuer... Mais cela, il fallait le laisser à d'autres (la propagande pacifiste n'était pas de saison en 1939), et, en philosophe, donner l'exemple d'autre chose.

Georges Dumézil a eu raison de distinguer trois classes sociales chez tous les peuples d'origine indo-européenne : les prêtres-rois, les guerriers, les agriculteurs. Je fais indiscutablement partie de la classe des agriculteurs, nullement des guerriers. Toutefois, en tant que philosophe, je puis prétendre être roi. Il faut admettre, en ce cas, si l'on suit Hésiode, corrigé par Platon (*Rép.* III, 415 *a*), qu'entre dans la composition de mon être non seulement du fer et de l'airain en tant que laboureur, mais de l'or en tant que pouvant prétendre à la royauté. Les plus anciennes traditions hindoues, scythes, grecques, convergent pour attribuer la possession de l'or natif et royal à la faveur des dieux.

XXXI

Si l'on est vieux

« Si l'on est vieux, c'est pour les autres » : voilà ce que j'ai plusieurs fois entendu dire, dernièrement par Michel Galabru.

Il est vrai que dans l'immédiateté du rapport de soi à soi, l'on ne se sent pas vieux. Il faut que notre corps, ou les autres, nous rappellent à la conscience de notre âge : lenteur des mouvements, manque de sûreté dans la conduite, vertiges, baisse de l'acuité visuelle et auditive, difficulté à mobiliser savoirs et souvenirs, trous de mémoire, hésitations dans l'orthographe, tendance à la somnolence ; et les autres qui ont l'air de songer au pire : « Soignez-vous bien », « Ménagez-vous », « Ne vous fatiguez pas », « Est-ce bien raisonnable à votre âge ? », etc.

La vieillesse ne s'annonce pas. Elle vient insensiblement. Pour la bien concevoir, il faut me souvenir de celui que j'étais. Les émotions étaient plus fortes, plus vives et tiraient plus à conséquence. Je m'indignais de tout mon cœur, j'étais en colère, je courais en esprit aux barricades ; je mettais sans cesse à l'épreuve mon esprit de prudence. Suis-je allé jusqu'à l'engagement inconsidéré ? Oui, à deux ou trois reprises : mais il ne me paraît pas nécessaire qu'on le sache.

J'ai pu être pris, jour et nuit, dans l'étreinte des rêves d'amour. J'ai eu des obstinations de pensée extraordinaires. J'ai connu toutes les sortes de douleur et d'humiliation du désir refusé. Marie-Noële, Martine, ou je ne sais plus qui, furent-elles jamais conscientes de mon martyre ? Aujourd'hui, bien sûr, j'aime encore, du moins les jours, les heures, les moments où je suis le plus vivant, mais il n'y a plus de place, en mon âme, pour le désir, la déception, la mauvaise tristesse. À travers le sourire, la voix, les intonations et aussi le regard, les gestes, je discerne une âme qui a vocation d'amour. Et l'on peut alors s'aimer sans rien dire, dans le recueillement et l'action de grâces et à l'abri du silence nécessaire.

Si mes émotions sont moins fortes en ce sens que je n'« explose » plus, elles sont plus éprouvantes. Je reçois un ami. On parle. Il est en faveur de l'avortement *ad libitum,* et moi non. Je m'irrite. Ou le voici qui soutient une guerre d'agression. J'ai des palpitations. Rien ne me fatigue plus que les idées fausses. Alors si je veux écrire, je n'ai plus mon habituelle sûreté d'écriture ; ma main tremble. Mon appareil nerveux réagit à des mots, des propos, des facteurs d'irritation qui jadis m'eussent laissé froid. Si mon esprit n'est pas serein, si à l'égard du destinataire d'une lettre, je ressens un manque de liberté, une difficulté d'être naturel, cela se verra à l'écriture.

Mes relations avec les humains ordinaires ont perdu en franchise. Je dissimule mon exaspération, mon ennui, ce que, jeune, je n'aurais pas fait. Je ne craignais pas de créer des tensions, aujourd'hui je le crains, car si des désaccords se font voir, c'est inutilement. Il faut dire aussi que je suis plus pitoyable à la misère d'autrui, ne croyant pas possible de l'arracher à ses pensées nulles, à sa médiocrité d'existence. Mieux vaut, en ce cas, *supporter,* que de faire naître des crispations dont je souffrirai. Je m'efforce que rien n'empêche la joie que me donnera une âme philosophe. Avec le tout-venant des humains, je dédaigne de faire servir le langage à sa haute fonction, qui est d'exprimer la vérité, car de cette vérité ils n'ont que faire, n'ayant souci que d'argent, de vacances, de distractions ou de travail, et puis – à juste titre, c'est vrai – de l'avenir de leurs enfants. Alors, je parais manquer de sérieux, et j'en manque en effet. En revanche, c'est avec le sérieux le plus profond que j'accueille une âme philosophe, l'écoute, et essaie d'être capable de la parole qui l'éveillera, l'élèvera plus encore et la rendra meilleure. Beaucoup de relations me sont à endurer, mais d'autres sont comme des jours de fête dans la monotonie des jours. Sans doute n'ai-je plus, à mon âge, la franchise qui me ferait me séparer de ce qui me pèse, mais aussi mon attention est-elle tout entière tournée vers un autre côté.

XXXII

Si Manou est mon idéal

Si Manou est mon idéal, pourquoi ne pas le dire ?

Manou exerce son métier dans un joli village au nom charmant. Son salon ne paie pas de mine. Le devant de porte laisse à peine deviner ce que l'on verra en entrant : face à la grande glace, un fauteuil, et çà et là, quelques chaises et des jouets d'enfant qui traînent. Des enfants, les deux aînés ont l'âge maintenant d'être à l'école ; la dernière née, Célestine, fait quelquefois une apparition dans les bras de sa maman, qui s'est occupée d'elle, entre deux clients.

Manou est mon idéal comme maman. Je vois qu'elle sait unir tendresse et fermeté, comme sachant ce qui est bon pour ceux qu'elle aime. Mais c'est un idéal de réflexion. En elle, immédiatement, je ne vois pas une maman, mais une femme. J'aime sa taille fine, sa façon d'être avec les clients en les laissant parler, ses gestes experts et précis, ses scrupules à avoir soin du détail.

Elle a un visage de brune aux yeux noisettes, bien modelé et qui a du caractère, sans nuire pourtant à l'impression d'harmonie. Elle m'expose son visage, me le donne, me regardant en face sans ciller. Elle a le regard franc des jeunes femmes des films de Howard Hawks ; je l'imagine dans *Eldorado,* dans *Rio Bravo.* Je lui dis : « Tu es belle » ; elle comprend que je dis cela pour rien, pas même pour lui faire plaisir, me bornant à constater une évidence, comme de dire : « Il fait jour. » Cependant, je retire, de simplement voir ce visage, une satisfaction profonde, comme du jour, de la lumière. Mais aucune lumière n'égale la lumière d'un regard.

De Paris, je lui ai envoyé une carte postale. C'est son mari qui l'a reçue. Elle lui a expliqué que j'étais un client philosophe, qui donnait des conférences à Paris. Elle-même n'est allée à Paris qu'une fois. Encore était-ce à la Défense, pour quelque raison précise qu'elle ne m'a pas dite. Elle pense que j'ai écrit des livres. Je lui ai proposé de lui en donner un. Elle m'a dit que ce n'était pas la peine : elle n'est pas philosophe, elle ne comprendrait pas.

Mais moi : « Tu dis que tu n'es pas philosophe. Crois-tu donc que les philosophes en sachent plus que toi ? Tu sais tout ce qu'il y a à savoir. » Manou vit sa vie en éternité. Elle n'est jamais ailleurs que là où elle est, à accomplir son présent. Elle ne voyage pas, n'est allée nulle part, n'a envie d'aller nulle part. Elle a là toute sa vie : pourquoi la chercher ailleurs ? Son métier est juste celui qui lui convient, son mari lui est suffisant tel quel :

elle ne rêve pas, ayant assez à faire avec son œuvre quotidienne de vie. Après son travail, elle se plaît à retrouver la ferme en pleine nature, dans la semi-montagne. Elle prend les hommes politiques comme des êtres à subir comme les contretemps météorologiques ; elle les juge peu dissemblables. Elle n'accorde pas aux religions la moindre foi : à la mort, elle aura vécu, tout simplement. J'admire que ce qui a été pour moi une conquête : la non-croyance, soit pour elle une évidence – tout comme pour Raoul S..., qui me vend du miel. Raoul et sa femme se feront incinérer : ils acceptent sans problème l'annihilation de leur être – car la résolution de leur être en ce qui n'est plus eux est bien annihilation de leur être. Il me semble que Manou doit s'accommoder pareillement de la mort.

Mais de la mort, nous avons peu parlé. Manou respire tellement la jeunesse et le bonheur de la vie que c'est à la vie que l'on songe en étant avec elle, non à la mort. Elle m'a dit, l'an dernier, qu'elle avait 37 ans. Sa présence rayonne une sorte de joie – joie que je n'éprouve pas si ce sont femmes que je sens vivre hors de la présence même, cela par l'effet de sentiments négatifs et destructeurs de la vie : préoccupations de gain ou de dépense, esprit de coquetterie, jalousie, ambition, dépit, esprit de calcul, de revendication, de médisance, etc.

Manou est mon idéal car elle réalise l'absolue simplicité de la vie, de cette vie qui est une chance merveilleuse, que l'on n'a qu'une fois, pour un instant, dans l'éternité. Voici ce qui arrivera. Un jour, après avoir reçu mon paiement, Manou quittera son petit bureau et, tandis que j'irai vers la porte, me rejoindra et me donnera un baiser. Ce moment est déjà presque arrivé : elle m'avait rejoint, hélas ! Un client est entré. Cela m'a d'ailleurs gêné, plutôt qu'elle : un jour, ne m'a-t-elle pas donné un baiser alors que j'attendais, s'interrompant pour cela de coiffer un client ?

Ah ! que j'aime en elle l'incertitude géniale de la vie !

XXXIII

Si un grand cadeau m'a été fait

Si un grand cadeau m'a été fait, c'est bien celui que j'ai reçu de Bibiane – peut-être était-ce le 17 janvier 1997, à l'occasion d'une conférence que je donnai à Sion. Il consistait en cette unique phrase : « La vie est si brève que ce serait la plus grande folie que de vivre autrement que dans la vérité. »

Le pape est mort hier soir, à 21 h 37. Il a achevé sa vie – vie terrestre ou vie tout court. Vie vécue dans la vérité ? Mais comment serait-ce possible si sa foi est illusion ? Il est retourné dans la « maison du Père » – si ce n'est qu'il n'y a pas de « Père », ni de « maison du Père ». Cela pourtant, je ne puis le prouver. Alors, peut-être sa foi n'était-elle pas illusion. Mais il a condamné la contraception, le préservatif, devant les foules africaines qui se meurent du sida. Comment a-t-il osé ? Il a souci des enfants. Mais le sida touche aussi les enfants. Il condamne l'avortement, fût-ce en cas de viol. Je lui donne raison – en principe, pas forcément pour chaque cas. Ainsi, il joint raison et déraison. Il mêle jugement dogmatique et jugement purement moral. Il a toujours pris le parti des faibles, des souffrants, des ayants faim (je mets un s à « ayant », selon l'ancien usage). Mais à parcourir le monde, il a brûlé beaucoup de kérosène, avec grande et inutile dépense et grand dégât pour la planète. Il a condamné les guerres, la guerre du Koweit, la guerre d'Irak ; il a dénoncé et plaint l'oppression du peuple palestinien. Mais il n'a pas ordonné aux disciples du Christ de cesser d'aller à la guerre. Il n'a pas particulièrement exalté le saint curé d'Ars, qui se voulait « déserteur ». Les guerres ont continué sous son pontificat comme avant. Aujourd'hui, lendemain de sa mort, la ferveur religieuse rassemble des foules immenses. Toute la Pologne est dans les églises et en prière. Cela ne prouve rien. Seul un enfant de chœur peut croire le contraire. Les chefs d'État – y compris le sinistre Bush, menteur et tueur – rendent hommage à l'« homme de paix ». Poutine y va de sa danse impudique. Et puis ? Voyons tout de même qu'il fut, dans les mots, le pape des pauvres gens, des déshérités d'Amérique du Sud et de partout, qu'il leur apporta une exaltation qui leur faisait ressentir la liberté, voire toucher de près le bonheur, qui leur laissait une sorte d'espérance tournée vers un monde autre, ou même vers ce monde comme autre. Plût au Ciel que toutes les paroles des chefs d'État eussent pareil effet de purgation du malheur. Retenons qu'il obligeait à élever le regard. Quelle que soit la sincérité du croire, croire ne suffit pas, si l'on croit au faux. Hitler croyait au faux. Il n'a pas vécu dans la vérité. Alors peut-on dire que le pape ait vécu dans la vérité, s'il a cru que Dieu est et si Dieu n'est pas ? Il a cru en Christ, et Jésus est Dieu *et homme.* Le pape a cru en l'homme créature de Dieu, en l'homme divin. Si illusoire qu'ait été sa foi dans son expression fantastique et symbolique, en substance, en sa substance humaine, elle était vraie. Le pape Jean-Paul II a vécu dans la vérité.

XXXIV

Si ma solitude est un destin

Si ma solitude est un destin, cela signifie qu'elle n'est pas un simple *fait* contingent, auquel il pourrait être mis fin, par exemple par une rencontre, mais qu'elle est *de droit,* comme appartenant à mon être même. À quoi cela tient-il ? Est-ce à ce manque d'autrui que je porte en moi depuis toujours, de cet autrui, ma mère, qui, en mourant, m'a laissé seul ? Est-ce à ma nature de philosophe, qui, comme tel, fait nécessairement un usage solitaire de la raison ? Mais ces deux côtés de mon être ne sont-ils pas en essentielle liaison ? Le manque au sujet de celle qui était à mon origine n'entraînait-il pas le questionnement au sujet de l'origine ? L'explication par Dieu butait sur l'incompréhensible et me laissait à ma solitude nue.

Une jeune touriste, interrogée sur le parvis de Notre-Dame, se disait frappée de voir une foule immense communier dans la prière et les larmes. C'était à la mort de Jean-Paul II. Et cette foule, cette communion, cette ferveur, se virent en tous lieux des cinq continents, dans une extraordinaire unanimité humaine, qui, si fugitive soit-elle, passait outre, pour un moment, à la différence des États, des religions, des cultures, des traditions, des langues. Cette touriste, pourtant peut-être accompagnée, voyait cela avec envie. Elle était tentée de rallier le catholicisme. Peut-être l'a-t-elle fait depuis. Dans sa relation avec son compagnon, elle restait humaine, misérablement ; elle n'était pas possédée par le dieu.

D'un côté, les croyants et leur joie de vivre ensemble une même foi, si douteuse soit-elle ; de l'autre, l'incroyant privé de communion : car plusieurs incroyants ensemble ne sont que l'un à côté de l'autre, comme juxtaposant leurs solitudes. Mais la solitude est préférable à la mauvaise communion, celle qui sépare, faute d'universalité. Les membres d'un parti, d'une secte, d'une église intolérante, peuvent communier dans une même adhésion à un dogme, un programme, une vision du monde, ou une même vénération ou révérence à un chef charismatique, mais il y a ceux qu'ils laissent au-dehors, comme ignares, ou indignes, ou non-initiés, ou infidèles, ou ennemis. L'humanité, par eux, est alors brisée, ce que ne fait pas le philosophe dans sa solitude, usant de la seule raison, comme telle universelle. Le philosophe athée n'a part ni à la fausse communion, car il n'est d'aucun parti, ou secte, ni à la vraie communion, de ceux qui adhèrent à une foi accueillante à tout homme comme tel, mais cependant il est en accord et sympathie avec ceux-ci, puisque, comme philosophe, il s'est voué à l'universel.

Il y a pour le philosophe deux sortes de solitudes, selon qu'il a ou non des disciples fidèles, fût-ce un seul. Cela fait une grande différence, celle entre une philosophie vérifiée et une philosophie non vérifiée. Damien parle de « sa » philosophie. Mais nul ne la connaît que lui. Il l'a mise dans quelques articles, que certains ont lus : cela n'a pas eu de conséquence. Tel de mes élèves n'est pas sans dette à mon égard. Mais il a sa philosophie – qui a son rayonnement propre : élève, non disciple. Forme-t-il des disciples ? Si tel est le cas, là est la vérification de sa philosophie. Il n'y a pas d'autre vérification possible. J'ai une disciple. Les thèses que j'ai soutenues, elle ne se borne pas à les comprendre : elle les fait siennes. Et elle les fait siennes justement parce qu'elle les comprend vraiment, c'est-à-dire non du bout des lèvres ou en historienne désintéressée, mais à partir d'elle-même, de sa propre expérience du monde et de la vie. Car autre chose est comprendre avec sa seule intelligence, autre chose comprendre aussi par le cœur. Ou l'on comprend du dehors, ou l'on comprend du dedans.

XXXV

Si j'ai eu vraiment peur

Si j'ai eu vraiment peur une fois dans ma vie, ce fut le 10 juin 1944, alors que, vers 7 heures du matin, sous une belle lumière, du côté de Masseret, en haute Corrèze, je traversais un camp où les soldats allemands, installés çà et là, prenaient leur repas du matin, ne sachant pas, du reste, que ces mêmes soldats, la veille, à Tulle, avaient pendu 99 innocents à des crocs de boucher, cela en représailles d'une attaque des maquisards sur une école où logeaient quelques soldats qui avaient été massacrés. Je n'étais pas seul, mais avec trois compagnons : mon ami Eugène et deux Alsaciens-Lorrains. Nous étions à pied, venant de Limoges, où était l'école de formation professionnelle, et avions passé la nuit chez un instituteur, en Haute-Vienne. Nous marchions à travers bois, mais arrivés à l'orée, nous nous étions trouvés brusquement à découvert. Les soldats voyaient nos bagages et notre démarche pressée. Cependant, les officiers étant à leur mess et invisibles, ils avaient l'esprit à manger la soupe, non à tuer. Ma peur, qui fut extrême, n'eut d'égale que celle de mes compagnons. Après que nous eûmes traversé la zone périlleuse, je leur dis : « Vous, faites ce que vous voulez, moi, je vais de mon côté. » Ils prirent le chemin de Tulle, moi celui de Pompadour. Car j'étais persuadé de pouvoir toujours mieux me tirer d'affaire seul, qu'avec d'autres. J'étais déterminé et confiant, mais assoiffé. Un paysan, qui me prit pour un réfractaire, ce que d'ailleurs j'étais, me donna une grande et délicieuse bolée de cidre dans un verre sale. Après avoir peut-être transpiré de peur, je transpirais de chaleur. J'allai dans un café de village, bus encore ; mais je vis que le cafetier servile téléphonait. Je m'attendais à ce qui suivit. Deux cyclistes portant le brassard des FTP (Francs-tireurs et partisans) m'accostèrent sur la route. Ayant vu mes papiers, ils se demandèrent quoi faire de moi. Ils n'étaient pas d'accord. L'un voulait m'emmener, l'autre disait que je les embarrasserais, n'ayant pas d'armes en suffisance. Quand ils eurent beaucoup parlé, moi-même m'étant gardé d'intervenir, je leur contai que je rejoignais mes amis – de l'AS (Armée secrète), il est vrai – du maquis de Rocoucourbine, à Altillac-Haut. Ils me laissèrent aller. À Pompadour, Suzanne me restaura, me prêta son lit, et, le lendemain, son vélo. Hélas ! dès avant Brive, l'un des pneus rendit l'âme, et je n'avais pas de quoi réparer. Je fis les cinquante derniers kilomètres jusqu'à Altillac, en tenant le vélo à la main. Pas âme qui vive sur la route, les portes se fermaient à mon passage. Cependant, à l'approche de Beaulieu, vers Tudeil, une femme eut de la peine en me voyant et me donna de l'eau. La petite ville de Beaulieu était déserte, une maison, à l'entrée du pont, était détruite. J'arrivai chez moi, et je vis le visage déconfit de mon oncle Urbain. Il avait espéré que je ne reviendrais pas, méditant peut-être de s'installer chez mon père. Il y avait foule à la maison, dont le maire. Je dis qu'il n'y avait rien à craindre. Les gens rentrèrent chez eux. J'appris qu'Albert Canal, qui avait voulu affronter les tanks avec son fusil de chasse, avait été tué. Michèle me dit qu'elle avait entendu les balles siffler autour d'elle alors qu'elle cueillait les cerises. Une étudiante de Toulouse – une amie d'Yvette –, en vacances chez M. Fort, notre voisin, avait été tuée. M. Fort était allé chercher son corps sous les balles. « Bien ! me dis-je, maintenant, il serait temps de travailler un peu. »

XXXVI

Si je vais à Montevideo

Si je vais à Montevideo, ce sera que Marilyne aura renouvelé, étant en Uruguay, l'invitation dont elle m'a fait la surprise à Treffort. Lorsqu'elle m'a invité, je ne doute pas que ce fut de bon cœur. Mais ses mots exprimaient un élan vers moi qu'elle ne retrouvera pas peut-être. Pourtant, bien que je garde en esprit cette hypothèse, je n'incline pas à la retenir. Pourquoi ? Elle n'a que 20 ans et j'ai plus de quatre fois son âge. Étant venue chez moi, s'y sentant à l'aise et aimant mes propos, ayant aussi la perception très sûre de la dilection que j'ai pour elle, elle a pu vouloir que se prolonge notre relation et elle m'a vu avec elle en pays inconnu, le découvrant ensemble, moi dépendant d'elle, puisqu'elle parle l'espagnol. Mais pourquoi ces impressions des heures heureuses de Treffort n'iraient-elles pas s'effaçant, le vieil homme que je suis ne lui apparaissant plus que comme ce qu'il est ? Seulement voilà : ces réflexions sur mon âge et le sien, leur différence qui paraît un abîme, sont aussi irréelles que bien réelle est cette différence. Car notre amitié est, ou du moins me semble être, sans âge et inconditionnée, au contraire de ce qu'elle serait si l'âge, la santé, la position sociale, les projets pouvaient jouer un rôle dans son essence et sa durée.

Nous parlons du prochain référendum sur la Constitution de l'Europe. Elle votera « non ». Je dis que le « non » avait eu aussi ma faveur, mais que je m'interrogeais maintenant devant la dérive actuelle, dérive politicienne qui modifie le sens du vote. Elle me dit que je participerais moi-même de cette dérive si, précisément, je me laissais influencer par elle. Elle me parle de sa grand-mère maternelle, témoin de Jéhovah, et de ses vains efforts pour réveiller en elle l'esprit critique et lui faire entendre raison. J'essaie de tempérer sa colère. Je lui apprends que les Témoins, pacifistes, ont été les premières victimes du nazisme. Or, parlant ainsi, tantôt de la Constitution de l'Europe, tantôt des Témoins de Jéhovah, quelque chose se passe qui n'a rien à voir avec l'Europe ou avec Jéhovah. Chacun s'adresse à l'autre comme étant lui et nul autre : elle me dit que je suis Marcel et nul autre, je lui dis qu'elle est pour moi Marilyne, et nulle autre. Sinon pourquoi mettrait-elle de l'ardeur, presque de la passion, dans ses jugements, ses répliques, et moi de même ?

Ici pourtant, le doute que j'ai voulu écarter revient. Y a-t-il quelque chose, fait ou parole, qui soit de nature à me faire penser que Marilyne ait *besoin* de mon amitié ? Qu'elle ait pour moi, comme Fanny, une vraie affection, c'est là chose certaine. Mais a-t-elle, loin de moi, un besoin de me voir, comme j'ai, moi, un besoin de la voir, de lui parler, de l'écouter, de me remplir de sa présence ? Ou plutôt, m'ayant quitté seulement depuis quelques jours, aura-t-elle bientôt, quand elle sera libérée de ses partiels, quand la porte des vacances s'ouvrira pour elle, le besoin de venir me voir à Treffort ou que j'aille la voir ? Alors je serais heureux : c'est toute l'amitié que je conçois possible, consistant seulement à se voir ; mais il me suffit de ce moment où chacun est à l'autre, se réfléchissant en lui, pour que le temps oublie de passer. Quoique je me la représente aussi, Marilyne est surtout en moi comme une émotion – une émotion singulière suggérée par une certaine tonalité d'existence, une sorte de phrase musicale à nulle autre pareille. Pourquoi dire « émotion » plutôt qu' « image » ? La musique que j'écoute me suggère des émotions plutôt que des images. Ce sont des émotions représentatives : la façon dont on est ému enveloppe la définition de ce qui émeut. L'émotion « Marilyne » est une définition sans concept, une marque de reconnaissance de l'unicité d'un être. Le charme de Marilyne est discret, celui de Fanny aussi ; mais celui de Marilyne est plus secret – cela alors qu'elle ne fait nullement mystère d'elle-même. On pressent en elle le sérieux profond de la vie et de l'amour. Elle séduit sans chercher à séduire, en étant très simplement et naturellement elle-même.

Elle argumentait en faveur du « non » au référendum du 29 mai. Je me suis senti désireux de lui donner raison, sans trop savoir si c'est par l'effet de ses arguments ou de son charme. Si elle a tort, je préfère avoir tort avec elle que raison tout seul. Nous avons discuté sur l'avortement, moi-même insistant sur le « laissez-les vivre », elle citant des cas où l'avortement eût été préférable. Or, si j'insistais en sens contraire, c'est pour que sa position s'affirmât plus encore, car j'étais de son côté comme du mien, et, à nous deux, elle ayant la largeur, moi la longueur, ou le contraire, nous délimitions le rectangle de la vérité. Car je sais qu'elle voit toujours quelque chose de la vérité, et loin de moi de méconnaître son aperçu irremplaçable. Pourtant, notre discussion n'est pas achevée. Je contai que ma grand-mère paternelle voulait avorter, que mon grand-père le lui interdit, que, sinon, Romain, mon père, ne fût pas né, ni moi. J'approuve mon grand-père Joseph. Marilyne pense que Françoise et Joseph devaient « discuter ». Soit ! mais toute discussion n'aboutit pas à un accord. Alors ? Faut-il dire, avec Dagognet, que la décision appartient à celle qui porte l'enfant ? que, donc, je n'ai « pas le droit d'être là » ? Voilà, Marilyne, ce qu'Aristote appelle une « aporie ».

16 avril 2005.

XXXVII

Si j'allais en Russie

Si j'allais en Russie, ce ne serait pas pour répondre à l'invitation de Vladimir Metlov, de donner une conférence, ou pour discuter d'Héraclite avec Serge Mouraviev, ou pour renouer avec Alexei Routkevitch une amitié écornée par le temps, pas davantage pour visiter monuments et musées à Moscou, Saint-Pétersbourg, Nijni Novgorod ou Riazan, encore moins pour marcher sur les traces de Rilke et de Lou Salomé dans Iasnaïa Poliana, à l'ombre de Tolstoï. Non ! ce serait pour me rendre à Kachine, petite ville des environs de Moscou – où exactement, je ne sais –, patrie d'Ina Konstantinova, née le 30 juillet 1924, tuée par les Allemands le 4 mars 1944, partisane héroïque et la plus merveilleuse jeune fille qui fut jamais. J'aimerais non avec indiscrétion, mais avec un immense respect et sans aucun droit autre que celui que me donne ma qualité d'être humain, voir sa maison, le potager et tout ce qui peut rester de l'époque de la guerre, qui sait ? Rencontrer peut-être Rena, sa sœur, sa petite Renotchka, qui doit vivre encore, avoir une famille, ou, sinon, d'autres vieilles personnes qui ont gardé vivant le souvenir d'Ina et voudraient l'évoquer. Je n'irais pas à Kachine autrement qu'en pèlerin, en ami lointain et très fidèle, que le journal d'Ina avait profondément ému lorsque je l'avais lu pour la première fois en 1955. Je le prêtai à Marie-Noële, qui, ne comprenant pas le besoin que j'en avais, déçue peut-être par sa pauvre qualité littéraire – que, pourtant, sa qualité humaine compensait au-delà (ainsi Fernando Savater a déprécié, au reste faussement, la qualité poétique de la lettre d'Émilie, comme si ce n'était pas avant tout la qualité humaine qui comptait) –, a oublié de me le rendre. Je l'ai retrouvé d'occasion, en juin 1988, chez le bouquiniste de la rue de la Paroisse, à Versailles, pour 10 F. Je ne le prête plus : j'en ferai faire deux ou trois photocopies, car je souhaiterais que Marilyne le lise et en parler avec elle, peut-être aussi que Jean-Claude G. le réimprime.

Ina est une âme amoureuse : de la vie et de tout ce qui vit, de ses amis et amies de la Maison des Enfants, de tel garçon et de tel autre jusqu'à son grand amour pour Micha, avec qui elle avait joué à se regarder dans les yeux à qui tiendrait le plus longtemps. C'était le 14 avril 1941 ; le 22 juin, tout change. Ina apprend l'agression, insondablement criminelle, de la Bête allemande : « Le pays mobilise ses forces. Est-ce possible que je reste tranquillement chez moi ? Non ! Il faut être utile à sa Patrie », écrit-elle. Elle entre à la milice sanitaire, reçoit, brancarde les blessés ; ou la voilà qui travaille dans un kolkhoz, trimballe du lin toute la journée, ou scie du bois, n'ayant pas envie d'arracher des pommes de terre. Le moral des combattants, sûrs de la victoire, gonflés à bloc, ce moral est le sien. Les Allemands rentreront chez eux plus vite encore qu'ils n'en sont sortis. Ina ne perd rien de sa gaieté, l'amour est en elle. Elle répète le vers de Maïakovski : « La vie est belle, et il fait bon vivre ! » Pour l'heure, cependant, les Allemands avancent. Ina, sa mère, sa sœur doivent « s'exiler » dans l'Oural, à Molotov (= Perm) : « Molotov, tout y est nouveau – l'appartement, l'école, la classe, les amis, l'amitié avec Galia. » Mais le 31 décembre 1941, Ina écrit : « Début de notre offensive sur le front. La bonne humeur revient. » Encore un mois à Molotov, et c'est le retour à la maison : « Nous sommes rentrées le 4 février. Papa nous attendait à la gare. J'étais si heureuse d'être enfin de retour, de revoir les amies que j'aime. Jamais je n'oublierai ce sentiment presque physique d'un horrible froid intérieur, quand Papa a dit : "Micha Ouchakov... n'est plus. Il est mort de ses blessures." » Ina pleure et se souvient d'autres larmes : « Je me rappelle les soirées où nous étions tous les deux seuls, et combien nous étions heureux, si heureux que nous nous taisions pendant des heures, écoutant la merveilleuse musique au fond de nous-mêmes. Alors, il disait : "Pourquoi est-ce que je ne sais pas pleurer, je voudrais pleurer de bonheur" » (je cite la traduction d'Elsa Triolet)[1]. Chez Ina, l'amour des siens, l'amour de son pays, l'amour de Micha se confondent. Elle écrit au commissariat militaire : « Je vous prie instamment de m'accepter dans les rangs de l'Armée rouge. » Elle note : « Comme je souhaite recevoir une réponse positive ! Aller là où la vie est pleine, où il y a danger et héroïsme, où je pourrai venger mon bonheur brisé. » La réponse tarde, arrive enfin le 8 avril 1942 : « Quel bonheur ! Seigneur ! Comme je suis contente, contente, contente ! Jamais je n'ai été aussi heureuse. Aujourd'hui, j'ai été admise à faire un travail sur les arrières allemands. »

Pendant deux ans, Ina remplit nombre de missions périlleuses ; prisonnière, elle s'échappa deux fois de la prison allemande et continua le travail comme avant, admirable de courage, d'endurance, de confiance et de secourable gaieté. Elle écrivait aux siens le 29 août 1942 : « Je suis cent fois plus heureuse que toutes les filles qui sont chez elles, qui dansent, qui s'amusent... Je suis heureuse que de nos jours, moi aussi je sois utile en quelque chose à mon pays, et que ce ne soit pas pour rien que je porte le titre de femme soviétique. J'ai pu avoir faim, rester enfermée dans des prisons fascistes, faire des centaines de kilomètres nu-pieds, mais j'ai une richesse immense : je suis satisfaite de ma vie. » Le 4 mars 1944, au petit jour, son groupe a été cerné par les Allemands. Ina a

1. *La Jeune Fille de Kachine*, journal de Ina Konstantinova, Éditeurs français réunis, 1950.

riposté, couvrant la retraite de ses camarades qui s'enfonçaient dans la forêt. C'est dans ce combat qu'Ina est tombée... Un camarade d'armes écrit : « Qu'elle ne soit plus, cela me semble démesurément injuste et incroyable. »

XXXVIII

S'il est douceur plus grande

S'il est douceur plus grande que celle de la pensée de l'amie lointaine à qui l'on sait être présent en esprit et en affection ardente, ce ne peut être que la pensée de l'enfant qui s'éveille et découvre le jour. Mais lorsque l'amie a toute la vérité et la nouveauté de l'enfance et qu'à la pensée aimante se mêle l'immense respect, alors la douceur se transforme en joie secrète. On se sent comme deux âmes tissées l'une de l'autre, n'oubliant pas pourtant que ce n'est là qu'émotion fragile, puisque ces âmes, étant en même temps tissées dans la durée créatrice, sont vouées au changement et imprévisibles l'une pour l'autre et pour elles-mêmes. Alors, il faut dire : douceur tragique, car elle ne durera pas, bien que l'on veuille et que l'on s'efforce qu'elle dure. Cependant, la certitude de maintenant où l'amie au loin est si proche, est ce qui compte, et me fait sans cesse tenir pour nul le néant à venir. Bienheureuse certitude, lorsqu'on sait qu'elle n'est pas seulement sienne. Aucune hésitation dans la joie. Autre la certitude de l'esprit et de l'intelligence, tout autre est la certitude du cœur. Mais cependant le cœur a son intelligence. Pourquoi ai-je tutoyé Élodie, que je voyais pour la première fois, sous l'effet d'une sympathie vive et immédiate, et pourquoi je m'interroge maintenant sur ce tutoiement, non que ma sympathie soit moindre, mais parce que je ne suis pas sûr de sa réponse ? Si elle ne saisit pas la fraternité respectueuse de ce tutoiement, si elle y perçoit quelque chose comme une familiarité incongrue, le « tu » au « vous » devra céder la place. Mais vis-à-vis de l'amie qui réside au loin, ce doute ne m'effleure pas. En dépit du peu de temps dont elle dispose, de la distance et du coût, elle viendra me voir, dit-elle, même si ce n'est que pour une journée ; moi, de même, me sens capable d'aller la voir, en dépit de la distance et de la fatigue, ne fût-ce que pour une seule journée. Non que nous ayons grand-chose à faire ensemble, seulement à vivre brièvement ensemble la brève vie. Mon besoin d'elle est sans désir, sans requête d'aucune sorte, au-delà de toute différence ou divergence ou de l'abîme de l'âge, tant l'exiguïté du temps que nous avons pour nous, nous conjoint sur la même cime de clarté dans la nuit obscure. Il n'est pas question de nous laisser grandement émouvoir par les intérêts présents du monde – tout ce dont parlent les journaux. Que l'Europe ait une Constitution, voilà ce qui occupe les humains qui s'agitent dans la politique, les affaires, les syndicats, les médias : voilà ce qui, dans la fascination du présent, leur fait oublier la vie profonde. Mais qu'importe l'Europe lorsque la volonté d'Europe n'est que volonté de puissance, volonté que l'Europe soit un bloc puissant face à deux autres blocs puissants ! Cela ne pèse pas lourd au regard de l'émotion subtile qui unit deux âmes dans leur pure essence immatérielle. Car ainsi se crée l'éternité. « Nous sentons et nous expérimentons que nous sommes éternels », dit Spinoza : oui, ni moi ni elle, mais *nous*. Certes, lorsque l'histoire s'acharne à nous arracher à notre quiète existence, il nous faut descendre dans l'arène et jouer notre rôle, nous souvenant que nous sommes citoyens et avons des devoirs envers la cité et ses enfants – et j'entends bien le mot « enfants » au sens propre. Mais la profession, le métier, le service social, la prise de position politique, syndicale ou autre, le travail, l'action programmée, c'est là le côté irréel de la vie (je prends, oui, le contre-pied de Hegel) – irréel puisque le va-et-vient du monde n'est que suite d'événements qui s'oublient. Et les êtres de façade – les hommes politiques, les décideurs du moment, les notabilités, les personnalités, etc. –, cela s'oublie, malgré les dictionnaires, les annuaires. Mais la douceur heureuse, qui est substance et non accident de l'âme, qui nous fait volontiers détourner le regard de tout le reste, comme étant, elle, une sorte de concentré de vie, tel un brasier ardent sous la cendre des apparences, cette émotion certaine qui nous fait, qui me fait, être heureux et sourire à la pluie et au vent, n'est-elle pas aussi ce qui finit par s'oublier ? Il est vrai. L'infinie proximité de moi à elle, d'elle à moi, cela même passera. Qu'en restera-t-il ? Rien d'autre peut-être que ces mots, là, que j'écris, qui pourtant un jour s'effaceront. Soit ! mais l'instant vaut en soi. L'instant ? Disons plutôt le maintenant, car cet instant n'a rien d'instantané. Il est durée sans succession, comme est la durée de Dieu, selon Descartes. D'un côté, l'écoulement des heures et des événements, de tout ce qui est l'irréel de la vie, de l'autre ce qui ne s'écoule pas, qui n'est que vie, la vie elle-même. Pourquoi tant d'actions et d'événements ? À quoi bon, s'il n'y a pas dans l'âme un accomplissement, tel qu'il n'y a pas de sens à aller au-delà ? Ainsi les journées se passent, je m'occupe à différentes choses, je réponds à des correspondants, je reçois des amis, je puis même lire ou m'instruire des nouvelles ; mais pendant tout cela, une même joie demeure au fond de moi-même sans bouger. Rien ne peut avoir d'effet sur elle. Elle est à l'abri des vicissitudes, sûre de sa raison d'être, mais à cause d'elle une sorte de légèreté traverse tout ce qui a lieu.

XXXIX

Si mon amie veut mourir

Si mon amie veut vraiment mourir, dois-je l'aider ? Il y a bien peu de vrais amis. Des miens, je crois bien n'en connaître aucun sur qui je puisse, à coup sûr, compter pour m'aider à mourir, soit en me fournissant 60 comprimés de gardenal® ou 60 d'antalvic® ou deux fois plus de tofranil®, soit en me poussant du haut d'une falaise alors que je ne m'y attends pas, soit en m'enfermant la tête dans un sac en plastique, soit en m'encourageant à appuyer sur la gâchette du revolver que je n'ai pas ou de la carabine que j'ai, soit de toute autre façon. Il y a une dizaine d'années, j'ai demandé à Catherine de m'aider soit à vivre, soit à mourir. Elle m'a répondu que, pour vivre, je n'avais pas besoin d'elle, et, quant à mourir, elle ne le souhaitait pas, ayant, elle, besoin de moi (j'ai toujours apprécié son réalisme). Si donc mon amie veut mourir, et si je suis, pour elle, un vrai ami, je dois lui apporter toute l'aide dont je suis capable (c'est là, du reste, le critère de la vraie amitié, non comme Montaigne l'entendait, mais comme je l'entends). Par exemple, je lui communiquerai ce que je sais quant aux doses mortelles de barbituriques, d'analgésiques ou d'antidépresseurs ; je lui procurerai un sac en plastique de 50 l, bien étanche, avec de larges élastiques pour aller autour du cou sans serrer ; je ne lui donnerai pas un coup de carabine (qui l'aurait tuée par accident alors que je m'essayais à tirer), car elle a horreur de la violence ; le cas échéant, si elle était à l'hôpital et appareillée, je débrancherais les appareils lorsque les infirmières auraient le dos tourné ; je pourrais aussi lui préparer ce que l'on appelait jadis, chez moi, à Beaulieu-sur-Dordogne, un « bouillon de onze heures », réputé pour son efficacité, mais il faudrait que j'en demande la formule aux sœurs de la Miséricorde (c'est une maison de retraite).

Mais mon amie veut-elle vraiment mourir ? Sans doute pense-t-elle qu'elle le veut, mais est-elle certaine que son vouloir d'aujourd'hui sera son vouloir de demain ? Je puis certainement faire sinon beaucoup, du moins quelque chose, pour l'aider à trouver de nouveaux intérêts à la vie : par exemple, lui faire découvrir des livres, des films, et lui demander comme un service de me dire ce qu'elle en pense, lui suggérer de venir me tenir compagnie sous prétexte que j'ai le cafard (elle viendra bien qu'elle ne me croie pas), lui proposer de m'accompagner à Florence pour revoir le Duomo S. Maria del Fiore, la piazza della Signoria, la galleria degli Uffizi, le ponte Vecchio (je lui dirais en italien ces noms enchanteurs), ou, tout simplement, d'aller marcher parmi les hauts sapins jurassiens, en disant à haute voix les beaux vers de Maximine (*Au front des sapins,* Arfuyen) :

Sapins ciseleurs de montagnes
Dentelliers de nos horizons
Vous aurez scandé mes saisons
Votre droiture m'accompagne

Je puis songer à bien d'autres initiatives, mais je ne ferai sans doute qu'y songer. Car je crains deux choses : d'abord d'amener mon amie, par mon influence, à être infidèle à sa propre vérité, si cette vérité est de mourir. Et de quel droit l'en détourner ? la faire s'oublier elle-même ? Ne vaut-il pas mieux laisser la mort exprimer la vie, plutôt que d'en brouiller la signification ? Il en irait autrement si mon amie était en pleine jeunesse : alors, je la convertirais décidément à la vie. Mais si sa mort est voulue, c'est après qu'elle a été longuement méditée, et non par l'effet de quelque déception, ou crainte, ou désespoir ou autre sentiment vif, mais sans inscription durable dans le moi profond, comme il advient dans l'adolescence. Ce qu'en second lieu je crains, c'est de ne pas venir en aide à mon amie seulement par amitié, mais aussi par pitié. Or, si la relation de moi à elle est de pitié, alors que je ne puis, bien sûr, lui dire : « J'ai pitié de toi », l'amitié qui est entre nous en est entachée par un mensonge. Elle n'a plus cette clarté, cette sincérité sans lesquelles mon amie n'aurait pu me dire son intention de mourir, ni m'avouer qu'elle a déjà fait une tentative d'en finir avec la vie, car elle aurait craint, précisément, de provoquer de la pitié. Mais elle n'a pas cette crainte, car elle me sait dans une sympathie et une compréhension qui sont au-delà de la pitié.

Puis-je, cependant, essayer de la détourner de ce qui devient, de jour en jour, son unique pensée, simplement pour éprouver la fermeté de sa décision ? Ce serait, là encore, vouloir intervenir dans le rapport libre qu'elle a avec elle-même. J'ai trop d'estime pour elle, pour la soumettre à épreuve ou à vérification. Je veux la laisser aller vers sa fin si c'est la laisser aller vers elle-même.

XL

Si l'on parle de races

Si l'on parle de « races inférieures », est-on pour autant « raciste » ? Il le semble puisque d'après la définition du *Robert,* le racisme est une « théorie selon laquelle il existerait une hiérarchie des races », entendant par « race » un « groupe ethnique qui se différencie des autres par un ensemble de caractères physiques héréditaires ». Parler de « races inférieures » implique une telle hiérarchie. Mais l'expression se trouve chez Bergson (*Mélanges,* PUF, p. 320). Or, Bergson ne peut être raciste. On peut donc apparemment parler de races inférieures sans être raciste. Il suffit pour cela d'avoir en vue une simple infériorité *de fait,* compatible avec l'égalité *en droit* de tous les hommes. Il se peut que les membres d'un certain groupe ethnique soient, en moyenne, de meilleurs athlètes, ou de meilleurs musiciens, ou de meilleurs danseurs, etc., que ceux d'un autre groupe. Simple question de fait, comme il y a des individus supérieurs ou inférieurs à d'autres, s'agissant de telle ou telle performance. Le *Larousse* parle, comme le *Robert*, du racisme comme d'une « idéologie fondée sur la croyance qu'il existe une hiérarchie entre les groupes humains, les races ». Ces deux dictionnaires donnent, l'un et l'autre, une définition incomplète. Il faut préciser : hiérarchie *de droit*. « Tout homme en vaut un autre », sous entendu : en droit. Si l'on conteste cette proposition, l'on est raciste.

Cependant, bien qu'il admette l'égalité en droit de tous les hommes, et ne soit, certes pas « raciste », Bergson n'eût pas dû parler de « races inférieures ». Car *en fait, il n'y a pas* de races inférieures. Il faudrait pour cela qu'un « groupe ethnique » soit inférieur aux autres dans *tous* les domaines de l'activité et de la pratique humaines. Or, cela n'est pas le cas. Les Hottentots, par exemple, ont certainement des capacités d'interprétation et de perception du milieu naturel, liées à leur mode de vie nomade et pastoral, qu'un Européen moderne serait loin d'égaler. Il en va des groupes ethniques comme des individus : « supérieurs » à certains égards, « inférieurs » à d'autres. Il n'y a donc rien de tel qu'une « hiérarchie des races ». L'idée raciste est une idée du passé. La politique raciste des nazis, qui reposait sur une idée anachronique, ne pouvait avoir aucun avenir.

XLI

Si tant de fleurs m'arrivent

Si tant de fleurs m'arrivent, alors que s'est écoulée la huitième décennie de mon âge, serait-ce que, sur le tard, je serais devenu un séducteur ? Bojena a employé ce mot. Mais le *Petit Larousse* dit : « Séducteur : qui fait des conquêtes amoureuses. » Or, je n'ai fait aucune conquête amoureuse. Ou peut-être en ai-je fait sur le mode du conditionnel. Telle jeune fille a pu m'imaginer, me rêver jeune, ou rêver d'un jeune homme qui lui inspire pareillement confiance. Mon pouvoir d'attrait vient peut-être de ce que les jeunes filles, ou jeunes femmes, qui viennent à moi se sentent aimées et en même temps rassurées, car, dans cet amour, le sexe n'a aucune part – le sexe qui m'a toujours tellement ennuyé.

Ce sont des fleurs, mais chacune me fait songer à plusieurs fleurs. Je pourrais composer des bouquets.

Le bouquet « Émilie » comprendrait d'abord l'iris, puisque d'elle je reçus un message, ensuite la verveine, puisqu'elle m'enchanta. J'y joindrais la fleur du prunier sauvage, pour dire sa farouche indépendance. L'amaryllis jaune dirait sa fierté, et le lis son côté royal. L'héliotrope, la tubéreuse avoueraient l'enivrement d'amour. Enfin, la fleur de l'olivier, symbole de paix, ne pourrait faire défaut.

Dans le bouquet « Fanny », l'anémone bleu ciel exprimerait la confiance – autant celle qu'elle accorde que celle qu'elle mérite ; le bleuet serait la fleur de la délicatesse, l'érable champêtre de la réserve. Par la fougère serait présente la sincérité, par la violette odorante, la modestie. On dirait la générosité avec la fleur d'oranger, d'une suave odeur, et le courage avec le peuplier noir. Et j'ajouterais la « tendre sensitive », comme dit Voltaire, qui l'a chantée.

Pour le bouquet « Marilyne », le genévrier conviendrait, disant celle en qui l'on a du secours ; le thym figurerait l'activité, la vitalité fortes, et l'arum commun, l'ardeur. Mais le lilas et ses fleurs d'un bleu tendre, son parfum doux, annonceraient la première émotion d'amour, tandis que l'armoise à l'odeur de citron signifierait le bonheur, le myrte étant pourtant le symbole de l'amour heureux. Mais la morelle rappellerait le profond souci de la vérité, et l'édelweiss, cueilli en altitude, l'aspiration à la pureté.

Dans le bouquet « Sophie », la violette blanche serait l'emblème de la candeur, le capillaire, de la discrétion, l'aubépine, de l'innocence – agitée par l'espérance et la crainte. Le coriandre, le réséda diraient le mérite caché. Il y aurait aussi le peuplier noir, la fleur du courage. Mais le jasmin aux fleurs blanches évoquerait l'amabilité, tandis que l'œillet, en dépit des combats qui opposèrent, en 1815, les « œillets rouges » aux « œillets blancs », représenterait l'amour sincère.

Dans le « Bojena », le lierre serait la fleur de l'amitié, mais la bruyère rappellerait l'insurmontable solitude. Le houx conviendrait pour dire la prévoyance, le romarin et ses fleurs d'un bleu pâle seraient le baume consolateur. Le camélia, quoique sans odeur, parlerait de la reconnaissance, tout comme le groseillier, mais il faudrait le mûrier noir pour dire l'absolu dévouement, tandis que la jacinthe manifesterait la large bienveillance qui n'oublie pas le monde animal.

La belle-de-jour conviendrait pour le bouquet « Julie », jointe à la primevère, signe de première jeunesse, la jonquille et le narcisse marquant l'émotion de désir, mais le géranium rose, la préférence. L'angélique dirait la subite inspiration, et l'anémone bleu du ciel, la confiance jointe à l'abandon. Mais pour dire la félicité, il faudrait la centaurée des montagnes.

Le bouquet « Danièle » serait sous le signe de l'équité, avec le châtaignier, de l'honnêteté, avec le genêt, de la fidélité, avec la véronique. Le seringa parlerait d'amour fraternel, l'acacia d'amour platonique, la menthe d'une douce chaleur de sentiment. Mais l'asphodèle jaune apporterait une note de regret, que la sauge nuancerait d'estime.

La pervenche – la fleur de prédilection de Rousseau, auquel elle rappelait de doux souvenirs – conviendrait pour le bouquet « Zahra ». Il y aurait le prunier pour évoquer la promesse, le chèvrefeuille au délicieux parfum pour dire les liens d'amour, la lavande de mer pour réduire ces liens à la sympathie, puis le perce-neige pour apporter la consolation, et la fleur de noisetier, gage de réconciliation. Mais le tilleul ferait se souvenir de l'amour conjugal et la passiflore proposerait le refuge de la croyance.

8 mai 2005.

XLII

Si ce fut chose inconsidérée

Si ce fut chose inconsidérée que de s'engager à être aux côtés de la Pologne agressée, si donc ce fut chose inconsidérée, quoique honorable, de déclarer la guerre à l'Allemagne le 3 septembre 1939, et lors même d'ailleurs que ce n'eussent pas été choses inconsidérées, en quoi cela pouvait-il concerner un petit paysan, moi-même, ignorant de la politique et végétant en pleine nature, loin des villes ? En quoi, d'ailleurs, ce qui se décide dans les assemblées, les conseils, les commissions, où siègent les hommes des hautes classes, devait-il faire droit pour un paysan de la Xaintrie, humble et pauvre ? Cependant, cela, je laisse mon père en juger. Pour moi, l'abstraction dans laquelle je vivais, en 1939, à l'égard des grands événements qui se passaient et des plus grands encore qui se préparaient, faisait que le temps de ma vie était moins le temps historique que le temps de la Nature, le temps éternel. Entre les deux néants infinis qui cernaient ma vie, celui d'avant ma naissance et celui qui viendrait après, il m'appartenait de mener ma barque en n'ayant souci que de mon avantage – non pas, certes, mon avantage immédiat, toujours trompeur, mais l'avantage de ma vie comme un tout, puisqu'elle est totalisée par la mort.

Au printemps de 1936, mon père, alors socialiste, m'avait amené à la salle des Fêtes de Beaulieu écouter Charles Spinasse. À un public d'agriculteurs, il expliqua comment les patrons exploitaient les ouvriers, parla de la « plus-value ». Il fut élu député, devint ministre dans le premier cabinet Blum (1936-1937), puis dans le second (mars-avril 1938). Au début de juillet 1940, il s'enthousiasma pour le Maréchal, prêcha pour le « crucifiement » du Parlement et une « nouvelle foi » : « Le Parlement va se charger des fautes communes. Ce crucifiement est nécessaire pour éviter que le pays ne sombre dans la violence et l'anarchie. Notre devoir est de permettre au gouvernement de faire une révolution sans que coule le sang. Si l'autorité du Maréchal rend possible cette tâche, alors le don qu'il nous a fait de sa personne n'aura pas été vain [...] Une nouvelle foi doit naître sur des valeurs nouvelles. » M. Pierre Laval fut très ému par cette « noble déclaration », à laquelle firent écho les paroles de Xavier Vallat. Le 10 juillet, Charles Spinasse fut des 569 représentants du peuple qui votèrent les pleins pouvoirs au maréchal Pétain. Mon père, après cela, ne se dit plus jamais socialiste. L'idée de porter un jugement sur Charles Spinasse n'éveille en moi aucun intérêt. Du reste, les gens d'Égletons lui gardèrent leur estime, qui l'élirent maire en 1964.

La déconvenue de mon père ne fut pas la mienne. Je vivais ailleurs. Seulement bien après 1940, je sus que des personnages des hautes classes étaient opposés à ce que la France demandât l'armistice, qu'ils voulaient – certains ou les mêmes – que le gouvernement émigrât en Afrique du Nord, que les trois premiers personnages de l'État, MM. Albert Lebrun, Jeanneney et Herriot furent sur le point de quitter la France et de s'embarquer sur le *Massilia,* que des délégations de parlementaires conduits par Pierre Laval et Adrien Marquet, le maire de Bordeaux (ville où le gouvernement s'était réfugié), les en dissuadèrent, que par là même fut mise en échec la tentative de Paul Reynaud et Mandel de convier le gouvernement, qui aurait alors abandonné le sol de la patrie, à proclamer la constitution d'une union franco-britannique avec nationalité commune – ce qui était d'ailleurs l'idée de Churchill. Quoique, en juillet 1940, subissant les événements sans les juger, sans même m'en attrister, pas plus que l'on ne s'attriste d'un orage, je partageais obscurément le soulagement général qu'apportait la fin des hostilités. Des humains des classes favorisées, d'autres qui étaient encadrés dans des ligues, des partis, des associations, songèrent, dès ce temps-là, à la Résistance, soit à Londres sous l'impulsion du général de Gaulle, soit en France, parfois sous le couvert d'une adhésion formelle à la « Révolution nationale ». De ces humains, je n'en rencontrai pas alors dans la classe populaire. Ce n'est qu'après les premiers maquis, en 1943, que l'on vit les paysans les aider en nourrissant les maquisards.

J'ai employé l'expression : classes « favorisées ». Ce mot n'exprime, de ma part, aucun sentiment négatif, seulement un constat. C'est un fait que les hommes et les femmes qui ont connu d'autres écoles que l'école primaire, sont différents. En général, ils ont moins le souci de la vie matérielle, qui, à l'époque dont je parle, hante les paysans ; ils sont bien plus au fait des événements, car ils lisent les journaux, écoutent les radios ; ils se sentent concernés par les manifestations de la culture – expositions, concerts, conférences, festivals, etc. Ils sont intéressés par l'agitation des idées et, souvent, se passionnent pour telles ou telles : les heures tragiques les trouvent alors disposés à combattre, voire à risquer leur vie pour la « liberté », la « justice », la « démocratie », l' « indépendance nationale », la « patrie », etc. – idées qui deviennent alors des *idéaux*.

Mon idéal ne fut jamais autre que l' « idéal du moi », qui ne pouvait se définir par référence à rien d'extérieur, telles que les conditions matérielles de la vie, la position dans la société, etc., mais seulement par référence à moi-même, à la vocation que je portais en moi. Je fis tout ce qu'il fallait pour que mon élan intérieur fût protégé ; j'écartai tout engagement, ne voulant pour rien au monde être *obligé* à quoi que ce soit. Parvenir à cette autarcie n'était pas facile. J'y parvins non sans compromis, n'étant pas nourri aux frais de l'État, ayant dû accepter un métier. Encore étais-je libre dans ce métier même.

XLIII

Si l'histoire aussi est vanité

Si « tout est vanité », comme le dit l'*Ecclésiaste,* l'histoire aussi est vanité. Par ce mot, « vanité », qui, concrètement, signifie « buée », Qohélet, l'« Ecclésiaste », dénonce l'être illusoire des choses. Il se place donc dans ce que j'appelle le temps immense, où les choses ne sont que des apparitions fugitives, par opposition au temps rétréci, où elles se donnent sous le signe, comme dit Kant, de la permanence de la substance.

Si l'on regarde l'histoire *(Geschichte)* comme le lieu des événements de faible consistance, dont le temps a raison rapidement et qu'il laisse aller au néant, on ne peut qu'incliner à l'indifférence à l'égard de l'agitation des hommes et des assemblées, des remous divers et des guerres. Telle est l'« indifférence » *(adiaphoria)* pyrrhonienne, bien proche de l'« apathie » *(apatheia),* comme on le voit d'après les témoignages (cf. *Pyrrhon ou l'apparence,* PUF, p. 67, n. 1). De là un pacifisme à fond mè-ontologique : les guerres se trouvent annulées comme phénomènes insignifiants si on les regarde sous l'horizon des millions d'années. Ce regard, il est vrai, ne peut être ni celui de l'homme politique, ni celui du citoyen, surtout du citoyen d'un pays menacé par un autre. Il ne peut être que celui du philosophe se voulant anhistorique et réfléchissant dans l'abstraction à l'égard de sa propre situation concrète. En tant que citoyen, il est très concerné et fortement touché et ému par tout événement qui met en jeu le sort de son pays, telle une défaite de ses armes. Mais il peut faire retraite dans l'étoile Sirius, et considérer que le désastre qui le touche n'est pas de nature à bouleverser l'ordre du monde : sagesse de repli qui permet de recouvrer la sérénité. Se souvenant que tout autre devoir que le devoir moral n'a rien d'absolu, il peut relativiser le devoir civique. Pourquoi mourir pour Dantzig ? Ou même : pourquoi mourir ? « Plutôt vivre à genoux que mourir pour la liberté ! » : ce slogan courait en France dans les années 1939-1940 (dans un autre temps, on entendit : « Plutôt rouge que mort ! »). Celui qui est à genoux peut se redresser ; mort, on ne se redresse pas. De là, le raisonnable attentisme de la majorité des Français sous l'Occupation. Ils ne songeaient (je viens de dire que je parlais de la majorité d'entre eux) qu'à vivre, mettant entre parenthèses le sort de leur pays – pour autant du moins qu'il pourrait dépendre d'eux. Or, en faisant du simple fait de vivre ce qui leur semblait préférable à tout, ils rejoignaient, de fait, l'indifférence philosophique à l'égard des flux et des reflux de l'histoire, et le non-interventionnisme du philosophe, c'est-à-dire du spectateur – le philosophe étant, selon Pythagore, celui qui contemple (*theatès,* Diogène Laërce, VIII, 8).

Sous l'Occupation, des philosophes ont refusé d'être de simples spectateurs qui observent et analysent ; ils ont agi. On a dit, et écrit, qu'ils avaient agi en tant que philosophes. Mais cela, il ne suffit pas de le dire. Il faudrait le justifier. Si la philosophie l'exigeait, Nicolaï Hartmann, par exemple, eût dû résister au pouvoir nazi. Or, je ne vois son nom dans aucun des livres que je connais sur la résistance allemande à Hitler, celui de Gérard Sandoz (1980), celui de Gilbert Badia (2000), celui de Günther Weisenborn (1953, 2000), celui de Barbara Koehn (2003). Hans-Georg Gadamer se tint dans une réserve prudente, se gardant de toute compromission avec le régime, parlant surtout de Platon, donnant seulement quelques conférences à l'étranger, dont le pouvoir s'honorait. Un seul jour, par inadvertance, il choisit, en exemple de logique, « tous les ânes sont bruns ». Une étudiante, ayant rapporté ce fait, fut envoyée travailler en usine. Aucun des intellectuels allemands les plus authentiquement philosophes, tels que Hartmann, Gadamer, Husserl, Jaspers, Theodor Litt, ne s'engagea dans une résistance active – quelle que soit leur hostilité au régime nazi. Heidegger s'engagea, mais sur une erreur d'interprétation du phénomène nazi, ce fut du mauvais côté (pour autant, il ne fut pas nazi : son adhésion au parti fut purement formelle). Quant à ceux qui se firent les propagandistes de la doctrine raciste, méritent-ils le titre de philosophes ? Qu'en était-il en France ? Les philosophes furent attentistes en général, mais cependant moins qu'en Allemagne. Certains passèrent les années de guerre à l'étranger, qui à Londres, comme Aron, qui aux États-Unis, comme Wahl. D'autres, en France, se mirent en attente (mais parmi eux, les anciens « poilus » héroïques de 1914-1918 sont au-dessus de toute critique). Seuls quelques-uns agirent décidément, au péril de leur vie, tels Canguilhem, Desanti, Vernant, Politzer, Lautman, Cavaillès. Ont-ils agi en tant que philosophes ? Certes, ils participaient tous d'un esprit de liberté indissociable de la philosophie. De plus, il y avait antinomie entre la philosophie, vouée comme telle à l'universel, et l'idéologie nazie, ennemie de toute forme d'universalité. La philosophie d'un côté, le nazisme, de l'autre. Mais cela n'entraîne pas que l'on doive déposer des pains de plastic sur les voies, ou faire exploser des bombes. Cavaillès était logicien. Canguilhem a dit qu'il fut résistant « par logique ». La logique, comme discipline de l'universel, faisait de lui un résistant en esprit. Soit ! mais pourquoi en acte ? Pourquoi la violence ? Non seulement cela ne découlait pas de la philosophie, mais cela était incompatible avec elle, car, comme l'a montré Éric Weil, celui qui choisit la violence choisit, par là même, la non-philosophie. Cavaillès s'est expliqué lui-même sur les mobiles qui ont inspiré son action, disant « qu'il était fils d'officier, qu'il avait appris de son père à aimer son pays » (Gabrielle Ferrières, *Jean Cavaillès,* Le Félin, 2003,

p. 21, préface de J. Bouveresse). N'est-ce pas suffisant ? Du reste, je sais très bien que ce n'est pas la philosophie qui m'eût porté à la violence contre l'occupant, mais seulement le vif désir qu'il quitte le sol de France. Or, je ne suis pas moins philosophe qu'aucun de ceux que j'ai cités.

XLIV

Si je me promène dans mon verger

Lorsque je me promène dans mon verger, marchant dans les chemins qu'avec ma faucheuse j'ai tracés entre les hautes herbes, une phrase de Montaigne me vient à l'esprit : « Quand je me promeine solitairement en un beau vergier, si mes pensées se sont entretenues des occurrences estrangieres quelque partie du temps, quelque autre partie, je les rameine à la promenade, au vergier, à la douceur de cette solitude et à moy. » Je me dis que dans mon clos, du côté ouest adossé au village, mais du côté est ouvert sur la pleine nature et les collines arbrues du Revermont, je n'ai rien à envier à la solitude et à la tranquillité que j'avais appréciées dans le parc du château de Montaigne.

Je réfléchis à la chance que j'ai d'avoir pour moi seul un morceau de la vaste Terre, enclavé par des murs et des haies, où je suis abrité de toute incursion étrangère et puis vagabonder sans souci, variant ma promenade au gré de ma curiosité. Tantôt je jette mon regard vers les hauts sapins, dont l'un, foudroyé, devra être étêté, tantôt je reste en admiration devant l'arbre de Judée en fleurs, et je songe à Marie-Thérèse, ébahie aussi devant sa beauté, ou encore j'embrasse des yeux le déploiement somptueux de l'énorme marronnier d'Inde aux fleurs blanches, ou je me réjouis de la vigoureuse poussée du charme que ma sœur m'avait apporté de la Corrèze, de celle aussi des noyers que France m'avait donnés. Mais ce n'est pas non plus sans satisfaction que je constate la bonne tenue des cerisiers, pommiers, poiriers, pruniers, néfliers, que j'ai moi-même plantés – sans parler d'un châtaignier, d'un saule, de quelques chênes. Satisfaction de celui qui espère des fruits ? Nullement, mais satisfaction désintéressée de celui qui aime les arbres pour eux-mêmes, et leurs fleurs plus encore que leurs fruits.

XLV

Si j'oublie mon portable

Jusqu'à l'âge de 83 ans, je n'ai pas eu de portable, et je m'étais promis de n'en avoir jamais. Cependant, ayant ouvert inconsidérément ma porte à un démarcheur de la société Bouygues-Télécom, je n'eus pas le cœur de lui refuser de signer pour un « mini-forfait », après qu'il m'eut dit qu'il avait une femme sans travail, deux enfants, etc., choses qui pouvaient être vraies. Je suis toujours faible dans ces cas-là, achetant « Réveillez-vous » aux témoins de Jéhovah, ou des tapis dont je n'ai pas besoin, ou un adoucisseur d'eau que je me garderai d'utiliser, ou des billets pour une loterie dont je ne me soucierai plus, etc.

Peu auparavant, me promenant très loin dans les collines, j'avais rencontré deux randonneuses, charmantes à voir et à écouter, qui s'étaient inquiétées de me voir aller dans la montagne, à mon âge, seul et sans portable, me jugeant fort déraisonnable : « Et si vous faites une chute ? Si vous vous cassez le col du fémur ? Si vous avez une crise cardiaque ? » Or, sur ces entrefaites, j'ai rencontré Claudette. Elle promène sa chienne à des heures sans doute régulières, mais qui ne sont pas celles où je vais dans les mêmes chemins, de sorte que nos rencontres sont rares. Je les souhaiterais plus fréquentes. Or, parlant de choses et d'autres, je lui contai la leçon que je venais de recevoir de deux marcheuses. Et voici ce qu'elle me dit : « Moi non plus, je n'ai pas de portable. Je pars pour de longues promenades sans portable et mon mari me le reproche. Il craint que, si j'avais quelque accident ou malaise, je me retrouve dans la campagne, loin de toute habitation, seule et sans secours. Mais pour moi l'idée me plaît, que je meure en pleine nature comme une feuille morte. »

Cette idée m'a plu aussi singulièrement. Pourtant, puisque j'ai maintenant un portable, autant m'en servir. Je me promets de ne pas l'oublier, lorsque je prends ma voiture de l'année 1992, avec le risque de tomber en panne, ou lorsque je pars pour plusieurs heures dans des lieux plus ou moins déserts et sauvages. Or, en dépit de ma décision contraire, j'ai toujours jusqu'ici régulièrement oublié, allant en promenade, de prendre mon portable. Il est clair que, quoique je ne veuille pas me l'avouer, je ne souhaite rien tant que de mourir en pleine nature comme une feuille morte.

XLVI

Si l’on n’attend rien

Si l’on n’attend rien, si l’on est sans projets, les jugeant vains, si les romans vous tombent des mains, si tous les films vous ennuient, si toutes les musiques vous irritent, si les journaux vous semblent ne parler que de choses sans intérêt, si les conversations ne sont que des mots qui paraissent avoir oublié leur sens quelque part ou si tout ce qui se dit semble d’une futilité extrême, si l’on ne compte plus sur la venue, inopinée ou non, d’une amie, s’il est tout à fait vrai que les jeunes femmes ne font pas de cadeau, si l’on se sent comme entouré d’une muraille, les autres étant de l’autre côté, si l’on se dit que notre disparition ne ferait guère souffrir, si l’on n’a, autour de soi, que des relations de voisinage, sans rides et convenues, si notre agenda est vierge pour les jours à venir, de sorte qu’il ne reste plus que le temps vide, si l’on n’a rien d’autre à faire que ce que l’on décidera, si rien ne semble mériter que l'on se décide, si l'on se trouve tellement libre de toute demande d'autrui que l'on semble n'avoir plus aucun rôle, si l'on est fatigué d'aimer sans qu'aucune réponse ne vienne, si l'on a renoncé devant la beauté à toute émotion ou vibration vivantes, si la vie se trouve vidée de tout ce qui occupe les heures, si l'on est incapable du divertissement pascalien, alors que reste-t-il ? La vie à l'état brut : cette odeur des roses sous mes fenêtres, mêlée à la senteur de l'herbe fauchée et au parfum du chèvrefeuille, un chat qui dans l'herbe se plaît, jetant vers moi un œil prudent, le hérisson qui fuit d'un pas rapide, étant surpris le nez dans l'assiette des chats, le marronnier fleuri qui se bombe insolemment, les tourterelles et les pies jacassantes et sans-gêne, les merles et les merlettes qui sifflent, jasent, chantent dans les lilas et les troènes, les buis et les noisetiers envahissants qu'il faudrait tailler, les cerisiers du jardin, dont l'un aura des cerises et l'autre n'en a pas, les fleurs, avec la pluie, ayant « coulé », le noyer près de la fontaine qu'une amie m'avait donné et qui me fait me souvenir d'elle ; plus loin, dans le clos, le saule, le charme, les chênes, le châtaignier, qui y trouvent terre à leur convenance, et je n'oublie pas le coassement des grenouillettes dans la « botasse » le soir, voire parfois des crapauds, et la visite indue que leur fait la couleuvre meurtrière. Mais dans la maison, c'est le moment de mettre la table, moment qui revient trois fois par jour, et reviennent les assiettes, le verre, les couverts, et le pain et le vin, et des aliments toujours à peu près les mêmes. Qu'est-ce qu'aujourd'hui ajoute à hier ? Durant ma vie vivante, j'ai voulu ajouter quelque chose au monde autant que croître moi-même en richesse intérieure. J'ai enseigné, j'ai écrit, j'ai aimé peut-être ; mais tout cela a glissé au passé, s'y est enfoui, et il ne reste plus que la vie à l'état brut, l'ordinaire des jours.

XLVII

Si l'on peut être à la fois catholique et chrétien

Mireille m'a communiqué les mots que voici, qu'elle a lus sur Internet, sans auteur indiqué : « Peut-on être en même temps catholique et chrétien ? La question paraîtra saugrenue à plusieurs, voire offensante ou provocatrice. Cependant, il faut convenir que, dans le langage courant, *être catholique* signifie, en général, être né dans une famille appartenant à cette tradition, tandis qu'*être chrétien,* au sens propre du terme, signifie s'être volontairement et sciemment tourné vers Jésus-Christ. Pas de chrétien sans conversion : c'est un axiome majeur de l'Évangile. »

Bref, on *naît* catholique, l'on *devient* chrétien.

Montaigne et Pascal sont nés catholiques ; Pascal est devenu chrétien, Montaigne, non (c'est ce que je montre dans *Montaigne ou la conscience heureuse,* p. 14-15).

Pour le chrétien, suprême est la loi d'amour : « Tu aimeras ton prochain comme toi-même. » Mais qui est mon prochain ? Sous le IIIe Reich, des ecclésiastiques rappelèrent que le prochain du chrétien « est toujours celui qui est dans la détresse, et ce, sans distinction de race, de peuple ou de religion » (Günther Weisenborn, *Une Allemagne contre Hitler,* Le Félin, 2004, p. 57).

Est-ce suffisant ? Pour celui qui s'est converti à Jésus-Christ et prend au sérieux l'Évangile, évidemment non. Car Jésus dit : « Vous avez appris qu'il a été dit : tu aimeras ton prochain et tu haïras ton ennemi. Mais moi je vous dis : aimez vos ennemis, priez pour vos persécuteurs » (Matthieu, 5.43-44). Une addition est : « Faites du bien à ceux qui vous haïssent. » Auparavant, Jésus a dit : « Vous avez appris qu'il a été dit : œil pour œil, dent pour dent. Mais moi je vous dis de ne pas tenir tête au méchant » (5.38-39).

Le « chrétien » entre guillemets, catholique, protestant ou autre (anglican, orthodoxe, etc.), fait la guerre : il entend infliger le plus de mal possible à l'ennemi, bien loin de l' « aimer » ; en 1941-1945, il entre dans la Résistance, voulant tenir tête au méchant ; dans *L'Armée des ombres,* on le voit exécuter un traître ; des chrétiens jettent des bombes sur des populations civiles, etc. ; nul « chrétien » ne voit dans Hitler son « prochain ». Quelle différence alors entre le catholique ou le protestant et le non-chrétien ? Aucune.

Toutefois, cette différence existe, si j'en juge par ce que je vois chez certains de mes amis catholiques. Ils ne vont pas jusqu'au refus de la guerre « juste », à l'objection de conscience, mais ils s'efforcent de devenir chrétiens, ou du moins d'être un peu moins éloignés de le devenir, cela en montrant de la générosité, voire parfois de la bonté, dans leurs jugements et leurs actes. C'est ainsi, entre autres, que Marie-Thérèse, qui n'était pas plus généreuse et bienveillante que moi de manière naturelle et spontanée, l'était davantage par réflexion, se voulant chrétienne et disposée au « partage ». Le catholicisme de beaucoup de croyants enveloppe des velléités de christianisme. Ce n'était pas le cas chez Montaigne : sa générosité est toute naturelle.

XLVIII

Si Bismarck eût été chrétien

Si Bismarck eût été ce qu'il croyait être – chrétien –, il n'eût presque rien fait de ce qu'il a fait.

... « presque », car rien ne se fût opposé à ce qu'il épousât Johanna, et qu'il eût d'elle les enfants qu'il a eus, Marie en 1848, Herbert en 1849, Wilhelm en 1852, lui-même ayant, en 1848, 33 ans, et Johanna 24 ans.

Dans sa jeunesse, il avait été plutôt voltairien. Mais la rencontre de Marie von Thadden, qui était animée d'une foi profonde et lui fut très chère, l'amena à la réflexion, sans qu'il fasse encore le pas de la conversion. Mais Marie mourut d'un cancer en 1846, à l'âge de 24 ans. Otto en fut si profondément bouleversé que dès lors il crut en Dieu. Johanna, une amie intime de Marie, piétiste comme elle, qu'il venait d'épouser, lui fut unie dans la même foi. En 1851, il écrivait à sa femme : « Je ne comprends pas comment un homme qui réfléchit sur lui-même et cependant ignore, ou veut ignorer Dieu, peut supporter une vie aussi méprisable et aussi fastidieuse, une vie qui s'écoule comme un torrent, comme un sommeil, comme une herbe qui ne tarde pas à se faner ; notre vie passe comme un bavardage idiot. Je ne sais pas comment j'ai pu supporter cela autrefois. Si je devais vivre maintenant comme je vivais jadis, sans Dieu, sans toi, sans les enfants..., je me demanderais vraiment pourquoi ne pas me débarrasser de cette vie comme d'une chemise sale » (cité par Lothar Gall, *Bismarck*, Fayard, 1984, p. 53) – paroles qui n'étonnent pas de la part de celui qui déclarait « n'avoir jamais eu le temps ni l'envie de s'occuper de philosopher » (cité, *ibid.*, p. 47).

Bismarck s'était converti au Dieu biblique. Il ne s'était pas converti à Jésus-Christ. Chrétien, il ne le fut jamais. Il y eut toujours en lui beaucoup de haine, cela depuis son enfance : « Quand j'étais petit, je détestais ma mère », avoue-t-il (*op. cit.*, p. 26). Plus tard, il prit en haine ses ennemis, entre autres les sociaux-démocrates, qu'à l'âge de 78 ans, il parlait encore d'« exterminer » (*ibid.*, p. 755). Johanna n'était pas en reste : « Bismarck détestait ses ennemis, mais sa femme, elle, les détestait jusqu'à la troisième et la quatrième génération » – l'observation est de leur conseiller financier (p. 198). Johanna n'était pas celle qui eût pu aider Otto à se tourner vers les plaisirs de l'esprit : « On lui a aussi bien imputé le désintérêt de Bismarck pour l'art et la littérature, pour la musique et la vie intellectuelle de son temps en général, que la virilité et la rudesse de leur mode de vie qui frôlait souvent les limites de la barbarie dans l'immodération des plaisirs de table et dans la grossièreté des divertissements » (p. 761) – excès de table qui valurent à Bismarck de connaître prématurément la déchéance physique.

Ce « chrétien » rêvait de la guerre. En 1867, il rêvait d'une guerre avec la France, grâce à laquelle s'exalterait le sentiment national allemand, aussi bien en Allemagne du Sud qu'en Allemagne du Nord et en Prusse, de sorte que, dans la foulée, se réaliserait l'unification de l'Allemagne. Cette guerre, en dépit du pacifisme de Guillaume, mais aidé par l'inconscience et la légèreté de la droite française, il l'eut enfin. Dans sa première partie, elle fut courte. Le 2 septembre, la principale armée impériale fut vaincue à Sedan et l'empereur fait prisonnier. Le front allemand d'unité nationale avait été sans failles. Le but du chancelier était atteint.

Jusque-là, Bismarck avait montré sa fourberie, son absence de scrupules. À partir de là, il devint criminel. Car après la proclamation de la République, le 4 septembre, le nouveau gouvernement provisoire français signifia sans tarder sa volonté de négocier la paix, tout en prenant ses distances à l'égard de la guerre « napoléonienne ». Mais Bismarck, soutenu par l'opinion publique allemande, qui réclamait un « butin territorial » (L. Gall, p. 460), imposa une clause qui changeait le caractère de la guerre : la cession de l'Alsace et d'une partie de la Lorraine. En dépit de ses efforts, le gouvernement de la Défense nationale, après la capitulation de

Paris et la défaite des armées républicaines, dut céder : ce fut le traité de Francfort (10 mai 1871).

Alors commença la guerre française de revanche, d'abord larvée (1871-1914), puis sanglante (1914-1918), qui aboutit à la défaite allemande, et à la restitution par l'Allemagne de l'Alsace et de la Lorraine, au traité de Versailles de 1919. Mais ce traité ne fut jamais accepté franchement par l'Allemagne. De là une guerre allemande de revanche, d'abord larvée (1919-1939), puis sanglante (1939-1945). Le résultat en fut la seconde défaite allemande. Aujourd'hui, non seulement l'Alsace-Lorraine, mais la Prusse orientale elle-même n'est plus allemande : Dantzig est Gdansk, polonais, Königsberg est Kaliningrad, russe.

S'il appartient au grand homme d'État de voir plus loin que le bout de son nez, ce n'était pas le cas de Bismarck. Ludwig von Gerlach avait raison lorsqu'il l'avait traité « d'aveugle grisé par le pouvoir et incapable de prévoir et de calculer les véritables conséquences de ses actes » (Gall, p. 579).

XLIX

Si le 18 septembre 1940 fut un jour faste

Le 18 septembre 1940 ne fut pas un jour faste pour les écoles normales primaires, puisque, ce jour-là, elles furent supprimées, ce dont *La Croix* du 24 octobre 1940 se réjouit, car, « c'est par là, écrit-elle, que les puissances ténébreuses empoisonnaient la Nation ». Mais ce même jour fut pour moi une grande chance. Sinon que se serait-il passé ?

Au lieu d'aller au lycée de Tulle comme « élève-maître » et de passer le baccalauréat, j'aurais, après trois ans d'école normale, passé le brevet supérieur, qui ne m'eût pas permis de m'inscrire en faculté, ce qui m'eût condamné à rester instituteur, ou du moins j'étais destiné à cela. Je n'eusse pas connu les cours merveilleux de Paul Teyssier, jeune professeur de lettres qui me fit sentir les beautés de notre langue, et surtout de Mlle Tronchon, jeune agrégée des lettres, elle aussi, dont les encouragements, s'ajoutant à ma détermination, me donnèrent le courage d'aborder l'étude du latin et du grec, et de m'y instruire assez pour subir aisément les épreuves de la licence et de l'agrégation de philosophie – car, en ce temps-là, la licence n'allait pas sans deux versions latines (l'une au certificat d'études littéraires classiques, l'autre au certificat d'histoire de la philosophie), et l'agrégation sans l'explication d'un texte grec. Et je me souviens de Marie-Thérèse corrigeant mes thèmes et mes versions, ou m'aidant, pour l'oral du fameux concours, à préparer le *Philèbe* de Platon. Mais ce qu'il y a surtout, c'est qu'au lycée, ma valeur, si j'ose dire, fut reconnue, et je me reconnus moi-même comme ayant devant moi un avenir ouvert, où il ne s'agirait plus d'enseigner simplement ce que l'on savait, mais de conquérir des territoires. Les études supérieures que j'envisageais dès lors n'étaient, dans mon esprit, nullement destinées à m'assurer une carrière, mais à me donner les moyens et les méthodes pour m'avancer dans ces territoires où il ne s'agit, de quelque façon que ce soit, que de rechercher la vérité. Je savais que j'aurais beaucoup à travailler, et j'eus l'intuition que Marie-Thérèse serait, parmi toutes les épouses possibles, la plus compatible avec mon travail, étant donné surtout que la différence de nos natures, autant que de nos intérêts – puisqu'elle était allergique à la philosophie –, obligerait à être ensemble dans le silence plutôt que dans l'échange des mots.

Le maréchal Pétain n'était pas, bien sûr, le responsable direct de la suppression des écoles normales primaires. Sans doute faut-il incriminer Jacques Chevalier, qui avait combattu le SNI (Syndicat national des instituteurs) et son pacifisme, et se trouvait, en septembre 1940, secrétaire général du ministère de l'Éducation nationale, le ministre lui-même étant Georges Ripert – jusqu'au 13 décembre 1940. Il n'est pas question de mépriser l'œuvre philosophique de Chevalier. Peu importe aussi qu'il ait ennuyé Bergson, à vouloir le tirer à toute force vers le catholicisme. Mais doyen de la Faculté des lettres de Grenoble, il veillait à ce que les étudiants aillent au STO ; il dénonça au cabinet de Pétain trois jeunes communistes de Cérilly, son village de l'Allier : c'eût pu être grave si les gendarmes n'avaient étouffé l'enquête. N'insistons pas. Jacques était le fils du général Chevalier, un proche de Pétain. Alors...

Il m'est difficile d'avoir pour cet homme de la reconnaissance. Je ne l'aime pas. Et pourtant sa décision fut pour moi d'heureuse conséquence. Sans elle, je n'aurais sans doute jamais rencontré Marie-Thérèse, je n'aurais pas eu la femme que j'ai eue, je n'aurais pas découvert l'univers qui était le sien. Univers « bourgeois » sans doute, mais tel qu'il était impossible de donner à ce mot un sens péjoratif, car l'intérêt dominant était celui des lettres et de la culture : les noms qui revenaient dans la conversation étaient ceux de Gide, de Mauriac, de Giraudoux, ou des conférenciers que Mimi, sa sœur Mireille, et sa mère avaient écoutés à Strasbourg, Paul Valéry sur la poésie par exemple, ou de Herder, sur qui Henri Tronchon avait fait sa thèse : il était professeur de littérature comparée à l'Université de Strasbourg (mort en 1941, je ne l'ai pas connu). Les noms de ses collègues étaient évoqués : c'étaient des amis que l'on avait souvent rencontrés lors de conférences, de réceptions, de « soirées », car il y avait une vie sociale et mondaine intense à Strasbourg avant la guerre – les Gueroult, les Pradines, les Juret, les Cavaignac, les Koszul.

Quel changement pour moi lorsque j'allais au 44, place de la Préfecture, à Tulle ! Lors même que Mimi et Mireille étaient en désaccord avec leur mère, ce qui était fréquent, c'était sur le fond de valeurs communes, et d'une convention tacite de pondération, de mesure, de respect : pas d'éclats de voix, d'émotions incontrôlées, de reproches ou de cris de colère, comme j'en connaissais dans mon village. Je découvrais une nouvelle manière d'être en société, que j'ai ensuite retrouvée constante chez les amis de ma femme. On dit ce que l'on a à dire. Un jugement est un jugement – mais pourquoi se fâcher ? Certes, la différence entre le monde paysan et l'univers bourgeois dont je parle s'explique : dans la famille de ma femme, il y avait, certes, assez peu d'argent, mais aussi n'y avait-il pas la crainte de n'en avoir pas : la sécurité financière était complète, tout comme dominait, chez mon père, le sentiment d'insécurité. Aucune aide, dans mon enfance, n'était encore consentie, par l'État, au paysan. Tout dépendait des récoltes et des prix : les récoltes dépendaient du ciel et du travail, lequel dépendait de la force et de la santé, et les prix dépendaient du marché. Le professeur passait l'agrégation, la thèse ; ensuite il avait, jusqu'à la mort, la sécurité financière, que le paysan n'obtenait jamais. La vie du paysan de mon village était rude. Ce fut un grand changement lorsque nous eûmes « l'eau sur l'évier », et ensuite l'électricité. Cependant, je ne découvris la douche pour la toilette qu'à 18 ans passés, au lycée de Tulle, et la salle de bains avec baignoire que dans la maison de Marie-Thérèse. C'est chez elle aussi que j'appris, concernant les repas, différents usages et rites. Je parle de « monde » paysan et d' « univers » bourgeois, car notre manière d'être, dans ce coin de la Corrèze où j'étais, était représentative de la vie paysanne en général, tandis que le type d'existence que je découvrais dans la famille de ma femme était dissemblable aussi bien, d'un côté, de l'existence petite bourgeoise, telle celle des instituteurs, que, d'un autre côté, de celle de la grande bourgeoisie.

Les écoles normales primaires furent rétablies à la Libération. Elles avaient été supprimées juste le temps, pour le hasard des choses, de me donner ma chance...

L

Si l'humanité ne régresse pas en dureté de cœur

Si l'humanité ne régresse pas en dureté de cœur, cela ne rend-il pas vains et nuls tous les progrès ?

La *sklerokardia* est un terme biblique. Le cœur du vieil homme est endurci par le péché.

Voici un exemple d'endurcissement. « C », soldat de Tsahal, parle de son expérience durant l'Intifada, à la demande de l'association « Rompre le silence » : « Pendant trois ans, j'ai aimé ce que je faisais. À Gaza, j'étais le premier à vouloir détruire des maisons. Je n'aimais pas tirer sur rien, mais tirer sur des maisons ou sur des gens, ça oui, c'était excitant. Le soir, avec les copains, on causait deux minutes de ce qu'on avait fait dans la journée, du style : "Alors, tu en as eu combien auourd'hui ?" ; mais on parlait surtout de sport » (in *Le Monde,* 23 juin 2005). Le cœur s'endurcit ne disons pas par le péché, transgression de la loi divine, mais par la faute, transgression de la loi morale. Parce que le soldat tue, son cœur s'endurcit. Cela consiste en ceci que les humains perdent, à ses yeux, le caractère humain, ne sont plus que des objets. Mais pourquoi tue-t-il ? L'ordre vient des chefs : « À Gaza, on nous disait : "Vous tirez sur tout ce qui bouge à proximité de la clôture, même si la personne n'est pas armée." Ailleurs, l'ordre était de tirer sur toute personne présente sur un balcon ou une terrasse » *(ibid.)*. Un enfant palestinien joue sur un balcon. On le tue. Est-ce mal ? « À aucun moment, durant ces trois années, "C" ne s'est posé la question » *(ibid.)*. L'enfant n'est plus vu comme un humain, mais comme une cible : ne plus voir l'humain comme un humain, c'est cela être déshumanisé.

On peut dire : les responsables sont les chefs, car « les ordres viennent d'en haut ». Mais la responsabilité des chefs n'élimine pas la responsabilité du soldat. Car même si le soldat obéit, ce peut être soit avec approbation, soit avec réprobation intime. « C » était « le premier à vouloir détruire des maisons ». Il déclare être impatient d'être appelé de nouveau pour une période de réserve, et ajoute : « Si l'on me donne à nouveau l'ordre de tirer sur une personne non armée, je crois que je le ferai. Je n'oserai jamais dire à un officier : tu crois que c'est bien ? » Or, voici, au contraire, ce que nous dit le GI Joshua Key, qui a passé huit mois en Irak, en première ligne : « Nous avions l'ordre de mettre tout le monde en joue, mais je n'ai jamais pu braquer une arme sur un enfant. Et je ne ressentais qu'une immense compassion. Je n'étais pas Joe le GI, mais juste un type qui se disait : on fait ça pour quoi ? Il n'y a pas d'armes de destruction massive, juste des gens, des familles qu'on terrorise et dont on brise les vies. On les rendait fous avec nos hélicos au-dessus de leurs têtes, nos tanks autour des villes, les interrogatoires, les *check-points,* le couvre-feu à 9 heures, l'arbitraire le plus total. Combien d'Irakiens ont été tués simplement à cause de la barrière de la langue ? Je me souviens d'un homme et de son petit garçon qui ont été mitraillés, en deux secondes, parce qu'ils ne savaient pas ce que signifiait "stop". J'étais horrifié. Ils n'avaient pas d'armes, ils étaient innocents » (d'après Annick Cojean, *Le Monde 2,* 4 juin 2005). Joshua Key a compris qu'il devait déserter, et c'est ce qu'il a fait. Il a refusé le processus de déshumanisation qui menaçait de s'enclencher en lui par le fait même d'obéir, tandis que « C » s'est abandonné à ce processus, et sous prétexte d'obéissance, mais non sans zèle, est devenu inhumain.

Les individus sont différents. Variable, d'un individu à l'autre, est la disposition à l'inhumanité. Cependant, les hommes politiques qui décident des guerres d'agression, les chefs militaires qui commandent des troupes d'occupation, les soldats qui traitent inhumainement les civils, etc., sont des produits de la société, et leur inhumanité n'est qu'une expression et un effet de l'inhumanité de la société elle-même. Un aspect essentiel en est l'injustice à l'égard des faibles, entre lesquels les faibles par excellence sont les enfants. L'avortement est le meurtre délibéré et direct d'un être humain dans la phase initiale de son existence, située entre la conception et la naissance. Pour ne pas se voir meurtrière, la société nie l'humanité de l'enfant conçu : ce n'est qu'un « amas de cellules », un préembryon, ou un embryon, ou un fœtus. Parler d'« infanticide » serait choquant : l'expression « interruption volontaire de grossesse » ménage les consciences délicates. Mais si l'on détruit le porteur d'un type déterminé d'ADN, par lequel il fait partie de l'espèce biologique dite « humaine », comment ce que l'on détruit serait-il un objet, une chose, et non pas un être humain ? car nul objet, ou chose, ne peut se développer en homme. L'avortement est une injustice que des contorsions sémantiques ne peuvent masquer – cela dit sans oublier que, dans certains cas particuliers qui relèvent du jugement du sage, l'injustice peut être un moindre mal.

Une autre forme fondamentale d'injustice, qui paraîtra à certains plus grave que la précédente, est représentée par le travail des enfants. Injustice et inhumanité, puisqu'ils sont traités comme des objets producteurs de profit. On songe à ces enfants travaillant dans des mines, qui rampent dans de petites galeries obscures non ventilées, à ceux qui peinent dans des carrières, portant de lourdes pierres, à ces enfants embauchés aux Philippines comme plongeurs de pêche en haute mer, à ceux employés au tissage des tapis, aux filles servantes exposées à des abus, etc.

On ne veut pas parler, ou entendre parler, de la grande injustice à l'égard des enfants, qu'ils soient condamnés au travail forcé, ou innocentes victimes tantôt de l'égoïsme jouisseur (car faire opposition à ce qu'un être humain vive est injuste), tantôt de la misère, de la famine, de la guerre, comme aujourd'hui en Irak, en Palestine, au Niger, au Soudan, en Guinée ou ailleurs. On a honte, au fond.

LI

Si j'ai acheté une bouteille de Moët & Chandon

Si le dimanche 29 mai au matin, après avoir voté, j'ai acheté une bouteille de Moët & Chandon qui m'a coûté 28 €, c'est pour célébrer, en la compagnie d'amis, la victoire du « non », de laquelle je n'avais aucun doute.

Je viens d'écrire « amis », mais ce matin-là, je pensais « amies », car je ne voyais que Marilyne, Fanny et Julie avec qui sabler le champagne et nous féliciter. Du reste, j'écrivis peu après à Marilyne, lui contant cet achat, dont la raison n'était autre, disais-je, que de trinquer avec elle et ses amies, en l'honneur de notre amitié et de notre victoire.

Ce qui, en réalité, m'intéresse, est de saisir l'occasion d'une heure de convivialité et de joie partagée, car je me doute bien que le « non » des jeunes filles et le mien ont des motivations et des significations différentes. De leur côté, domine l'idée que le texte de la Constitution comporte des insuffisances : celles qu'ont soulignées Laurent Fabius et d'autres : y trouve-t-on même clairement énoncé le principe de la souveraineté du peuple ? De mon côté, je refuse l'idée même d'une Constitution pour l'Europe. Du moins je la refuse pour le moment.

Cette Constitution serait un premier pas vers une Europe politique. Mais supposons qu'en 2003, au moment de l'agression américaine contre l'Irak, pays exsangue après la guerre avec l'Iran (1980-1988), la guerre du Koweit et dix ou douze années d'embargo criminel, et qui ne pouvait menacer en rien les États-Unis, supposons, dis-je, qu'alors M. de Villepin, notre ministre des Affaires étrangères, eût été le ministre des Affaires étrangères de l'Europe. Qu'eût-il pu opposer à Bush, au lieu du « non » clair et net voulu par la France ? Des mots de compromis, confus et incertains, résultats d'un consensus. Mais il y a ce qui relève d'un consensus – la politique agricole, par exemple –, et ce qui n'en relève pas : le vrai et le faux, le bien et le mal.

Entre la France, qui, avec l'Allemagne, dénonce la guerre d'agression, refuse de s'associer au crime, et les pays européens qui se rangent aux côtés de l'agresseur – la Grande-Bretagne, l'Italie, l'Espagne, la Pologne, la Roumanie, la Bulgarie –, la discordance est aussi complète qu'entre le vrai et le faux, le bien et le mal. Pourquoi la Pologne envoie-t-elle des troupes en Irak ? Quel mal lui a fait l'Irak ? Et quel mal a-t-il fait à l'Italie, à la Grande-Bretagne, etc. ? Pourquoi des Anglais, des Italiens, des Roumains, etc., vont-ils tuer des Irakiens ? Il faut être aussi rêveur que Michel Serres, aussi utopiste qu'Edgar Morin, aussi peu cohérent qu'un homme politique, pour croire que cela a un sens de dire « oui » à une Europe politique, du moins dans l'actuel moment historique, où, entre les Européens, l'accord sur les valeurs reste formel et couvre des contradictions qui séparent, sans qu'aucune synthèse ne soit possible.

Bien sûr, les jeunes filles acquiesceront à ma manière de voir si je la leur explique (elle n'est pas contradictoire avec la leur). Viendront-elles me voir à la fin juin ? C'est ce dont nous avions parlé. Mais aujourd'hui est le 27 juin. Leur venue est improbable. Les « partiels » les ont retenues presque jusqu'à hier dimanche. Ensuite, il a fallu songer à un « job » pour juillet ou août, ou se préparer pour un voyage. Peu importe. Je suis toujours auprès d'elles en amitié, me réjouissant de leur jeunesse et de leur être. Et la bouteille de champagne peut attendre. Elles vont m'écrire ou me téléphoner. J'en suis aussi certain que je le suis qu'il fera jour demain. Et elles viendront.

LII

Si Heidegger eût été national-socialiste

Si Heidegger avait été un vrai national-socialiste, et non pas seulement quelqu'un qui a dans sa poche la carte du parti et qui paie ses cotisations, aurait-il, ayant été élu recteur de l'Université de Fribourg en avril 1933, démissionné dès février 1934, alors que d'ordinaire les recteurs restaient en fonction entre trois et cinq ans ? N'aurait-il pas voulu que ses fils Jörg et Hermann soient membres des JH (Jeunesses hitlériennes) ? L'un de ses étudiants, Hanke, eût-il cru pouvoir lui avouer qu'il était un mouchard du *Sicherheitsdienst* (le Service de sécurité) ? Eût-il fustigé « l'erreur qui consiste à ne charger de mission que les membres du parti » (lettre à E. Blochmann, 12 avril 1933) ? Sur ce dernier point, on peut dire : pourquoi pas ? Mais si le philosophe qu'il était avait été contaminé par la doctrine nazie, eût-il pu écrire, à propos de la question de *Sein und Zeit* : « Ce qu'il faut à présent, c'est poser à nouveau la même question, mais de façon beaucoup plus originale et *plus affranchie de tout ce qui est contemporain* » (*ibid.*, 20 décembre 1935) ? Aurait-il écrit, en 1938 : « Je crois qu'il faut qu'un âge de solitude s'empare du monde s'il veut retrouver un nouveau souffle » (*ibid.*, 12 avril) ? Aurait-il écrit, en 1935, dans l'*Introduction à la métaphysique* : « La philosophie est essentiellement inactuelle, parce qu'elle appartient à ces rares choses dont le destin est de ne jamais rencontrer une résonance immédiate dans leur propre aujourd'hui » (trad. G. Kahn, PUF, p. 15) ? Ou encore, dirait-il que « l'esprit faussé en intellect se réduit par là au rôle d'un instrument au service d'autre chose » – « domination des rapports matériels de production (comme dans le marxisme), organisation d'un peuple conçu comme masse vivante et comme race », peu importe : « Dans tous les cas, l'esprit devient, en tant qu'intellect, la superstructure impuissante de quelque chose d'autre », quelque chose qui est « sans esprit, voire contraire à l'esprit » (*ibid.*, p. 56-57) ? Ou encore, aurait-il pu écrire (en 1938) : « Les pénibles ramassis de choses aussi insensées que les philosophies national-socialistes ne provoquent que confusion *(die mühseligen Anfertigungen so widersinniger Erzeugnisse, wie es die National-sozialistischen Philosophien sind nur Verwirrungen anrichten)* » (*Chemins,* trad. W. Brokmeier, p. 89-90 = *Holzwege,* p. 92) ? Se fût-il moqué de « ce qui est mis sur le marché aujourd'hui comme philosophie du national-socialisme » (Introd. *À la métaphysique,* éd. citée, p. 213) ? Et déjà, dans l'« Appel aux étudiants » du 3 novembre 1933, eût-il mis en garde (selon son assistant Walter Bröcker) contre le programme du NSDAP et la *Weltauschauung* nazie, en s'écriant : « Que ni des principes doctrinaux ni des "idées" ne soient les règles de votre être. »

Il est vrai que ce jour-là, Heidegger ajoutait : « Le Fürher lui-même et lui seul *est* la réalité allemande d'aujourd'hui et de demain, et sa loi. » Eût-il pu prononcer ces mots s'il n'avait été hitlérien ? Évidemment non. Il le fut durant au moins quelques mois. Mais être hitlérien à la façon de Heidegger n'est pas être nazi. Dans son livre sur Heidegger (Albin Michel, 2005), livre globalement faux, et d'autant plus faux, peut-on dire, qu'il ne l'est pas toujours, Emmanuel Faye distingue le *nazisme,* qui « vise à la promotion d'une race "pure" dans la communauté du peuple et tend à la discrimination raciale, puis à l'élimination physique de tout ce qui s'y oppose », de l'*hitlérisme,* qui « veut avant tout imposer la domination, et la possession totale de chacun et de tous par la volonté et l'esprit du *Fürher* » (p. 241). Celui qui s'est « emballé » pour Hitler, comme ce fut, brièvement, le cas de Heidegger, n'est donc, pour autant, ni raciste, ni antisémite. Si nationaliste, germanomaniaque et négateur des valeurs de la Révolution française que fut Heidegger, réellement, il ne fut pas nazi.

LIII

Si Paul Nizan a été mal reçu par les Burgiens

Si Paul Nizan, venu à Bourg-en-Bresse comme professeur de philosophie au lycée Lalande, fut mal reçu par les Burgiens et les Bressans, ce fut, bien sûr, parce qu'il se présentait comme communiste actif et voulant l'être plus encore, alors qu'il leur semblait avoir « comme tâche suffisante de former judicieusement les jeunes esprits à lui confiés », comme on le lui rappela clairement et anonymement dans le *Courrier de l'Ain* du 7 février 1932, mais ce fut surtout parce qu'il prit à rebrousse-poil les notabilités du lieu –, cela s'ajoutant à la maladresse de signer un article « P. Nizan, ancien élève de l'École normale supérieure, agrégé de philosophie ». Et voilà déjà tous les instituteurs, anciens élèves de l'École normale primaire, fortement vexés, tandis que d'autres se voient rappeler qu'ils n'ont que le certificat d'études ou pas même, et que d'autres enfin se demandent, alors qu'il y a beaucoup d'ouvriers sans travail à Bourg, en quoi la philosophie va résoudre le problème du chômage – problème dont ils ne savaient pas d'ailleurs qu'il relevait de la philosophie. Or, voilà que notre beau philosophe, du haut de son outrecuidance, lors d'une réunion animée, lui-même s'animant, a traité les respectables membres du Conseil municipal de « bande d'illettrés ». C'est au moins ce que le journaliste du *Courrier de l'Ain* a entendu. Là-dessus *Franc-Parler* oppose, d'un côté, les petits des chômeurs « qui ont faim », de l'autre, ce monsieur « bien apparenté, bien nourri, bien logé, beau danseur », qui voudrait « nous en imposer », et menace : « La population de Bourg, tout entière autour de son Conseil municipal, qu'il appelle "bande d'illettrés", pourrait bien lui donner une leçon et même plusieurs ! » Paul Nizan se défend. Il n'a pas dit « bande d'illettrés », mais « bande d'illettrés du point de vue social », ce qui est tout autre chose. Cependant, la population n'étant pas composée d'anciens élèves de l'École normale supérieure, la nuance lui échappe complètement. Un ancien élève des Jésuites fait observer qu'il s'agit sans doute d'une argutie ou d'un « distinguo » tel que ceux que l'on reprochait jadis aux disciples de Loyola. Mais cette intervention de Loyola, lequel est assez généralement ignoré en Bresse, n'apporte aucun élément de clarté dans le débat. En dépit de ses intentions éminemment louables, car ce qu'il veut, c'est justement que les enfants des chômeurs n'aient plus faim, Paul Nizan continue à choquer, avec, dit *Franc-Parler,* « son allure impertinente de grand seigneur nouveau riche ». Nizan ne plaît pas. On ne veut pas du « messie rouge ». Candidat à l'élection législative du 1er mai 1932, il obtient moins de 3 % des suffrages. La veille, 30 avril, il avait participé à la pose d'inscriptions séditieuses sur quelques édifices, notamment le monument aux morts. Quel peut être l'intérêt de pareille conduite ? Imagine-t-on Marx et Engels souillant les monuments d'inscriptions subversives ? Ils ne confondaient pas gesticulation et action. Nizan apprit sa mutation forcée au lycée d'Auch. Pas de quoi se poser en martyr !

LIV

Si Georges Krassovsky me surprend

Si Georges Krassovsky, ce vieux militant pacifiste âgé de 90 ans – il est né en 1915 – me surprend, c'est lorsque, dans le numéro de juillet 2005, du *Nouvel Humanisme,* il se résout à reconnaître « la faillite complète de toutes les actions collectives en faveur de la paix et du désarmement ». « Que d'horreurs et d'absurdités ont été commises, observe-t-il, au cours des dernières décennies ! Et tout cela continue ! Personne ne désarme ! – alors qu'il est de notoriété publique que les stocks d'armes nucléaires sont suffisants pour détruire toute vie sur Terre. » À quoi tient, se demande-t-il, l'échec des actions « collectives » ? Sa réponse m'apporte une seconde surprise : elles ont échoué parce qu'elles étaient *collectives* : « Ces actions ont été menées jusqu'à présent par des associations pacifistes, humanistes, spiritualistes, ainsi que par les grandes religions et les petites sectes. Toutes ces organisations canalisent les bonnes volontés et les amènent sur des voies de garage. Il faudrait que ceux qui sont à leur tête aient le courage de reconnaître que ce n'est pas en augmentant le nombre de leurs adhérents ou fidèles qu'ils arriveront à promouvoir la vraie paix, la paix sans armes. »

Georges Krassovsky reconnaît ce qui m'a toujours semblé évident. Cela dit, que propose-t-il ? Non plus d'agir collectivement, mais d'« agir individuellement » : « Essayons, dit-il, les actions résolument individuelles. Il se pourrait que seule la multiplication de ces actions puisse jouer un rôle déterminant. » À quelles actions, plus précisément, songe-t-il ? Des actions « simples, concrètes, n'exigeant aucun effort particulier ». Mais encore ? Ici vient ma troisième surprise et ma déception. Car voici ce que G. Krassovsky propose : arborer ostensiblement l'insigne « Page blanche », petit rectangle blanc, symbole de paix ; utiliser pour son courrier des enveloppes illustrées avec le dessin d'une colombe – nouveau symbole de paix –, et la déclaration : « Je suis contre toutes les guerres » ; en cas de tension internationale, mettre un drapeau blanc à sa fenêtre ; placarder un peu partout, mais dans le respect des règlements, des affiches et affichettes consacrées à la paix et au désarmement ; faire des photocopies d'articles de presse percutants et les diffuser ; lors des élections, prévenir les candidats qu'ils n'auront pas notre voix s'ils ne se prononcent pas en faveur du désarmement. Je parle de « surprise » et de « déception », car une multitude de semblables mini-actions ne me paraît pas susceptible d'avoir un grand effet.

Je ne fais confiance, cependant, qu'à l'action individuelle. Mais ici, je songe d'abord à la grande individualité, ensuite à l'individu que je suis. En 1673, William Penn, disciple de G. Fox, colonisa un territoire d'Amérique aussi étendu que les Îles Britanniques sans verser une goutte de sang. Le Mahatma Gandhi convertit le Congrès national indien à sa méthode de non-coopération et de non-violence, et obtint, en 1947, l'indépendance de l'Inde – sans avoir pu empêcher, il est vrai, tant l'implication de l'Inde dans la Seconde Guerre mondiale que la Partition de l'Inde. Je ne suis pas une « grande individualité ». Mon action n'en est pas moins efficace, mais son effet se limite à moi-même. Je me suis gardé, notamment, de m'engager dans les actions violentes qu'impliquait la Seconde Guerre mondiale. Chacun doit être, à tout le moins, pacifiste pour son compte.

LV

Si un savant veut philosopher

Si un savant veut philosopher, il doit participer de l'état d'esprit du philosophe, et cela signifie qu'il ne peut parler du « réel » et de « réalisme » tout simplement, comme si le sens de ces mots allait de soi, car, en ce cas, il en reste à l'attitude naïve de l'homme ordinaire et au réel commun. Pour l'homme qui n'est pas arrivé aux rivages de la philosophie, le pain et le vin sur la table sont bien réels – comme si le fait que bientôt ils soient, l'un mangé, l'autre bu, ne touchait en rien à leur réalité. Un savant parle du « réel voilé » comme d'un paysage voilé par la brume : le « réel » serait là derrière. Il parle d' « ontologie », comme s'il allait de soi qu'il y a des « êtres » *(onta),* comme si le mot « être » ne faisait pas problème. Si les savants n'ont le temps de lire qu'une seule phrase de Montaigne, que ce soit celle-ci : « Pourquoy prenons nous titre d'estre, de cet instant qui n'est qu'une eloise dans le cours infini d'une nuict eternelle ? » Descartes se demande si les objets que je vois sont réels, ou si ce ne sont que des images. Mais demander si le pain sur la table est réel, ou si l'on n'a qu'une image du pain, n'est pas poser, comme le fait Montaigne, la question même de l'être du pain. Cette question : « L'être du pain, et, en général, de toute chose sensible, est-il le véritable être ? » est la vraie question du philosophe.

Le savant parle du « réel voilé » ; le philosophe entend parler de ce qui est *vraiment* réel. Chaque philosophe original a son idée de ce qui est vraiment réel, et ce qui est réel pour l'un ne l'est pas pour l'autre. Pour Platon, les Idées sont les vraies réalités ; pour Démocrite, ce sont les atomes ; pour les philosophes théologiens, c'est le Dieu du monothéisme ; pour les naturalistes, tels Anaximandre, ou Spinoza, c'est la Nature *(Phusis)* ; d'autres diront que c'est la matière, d'autres, l'individu, etc. En général, les philosophes inclinent à attribuer la vraie réalité à ce qui dure toujours. Ce qui dure toujours est aussi ce qui est toujours là. Qu'est-ce qui est toujours là ? Le fait qu'il y ait toujours quelque chose, même si « tout s'écoule », le « il y a » *(esti)* de Parménide. Mais qu'est-ce qu'il y a, non pas seulement maintenant pour ensuite ne plus être, mais dans un présent éternel ? Sans doute ce qui n'est pas un être, mais la Source de tous les êtres, la *Phusis*. Or, ce que les savants peuvent nous en dire est forcément limité, n'est pas à la mesure de la Nature infinie. À partir des données qu'ils rassemblent, ils forgent des modèles, sortes d'images qui devront céder la place à d'autres modèles ou images, au fur et à mesure d'autres données. S'ils absolutisent ces modèles, s'ils croient, par exemple, que l'univers du big bang est le Tout, ils tombent dans l'illusion. La science est principe d'illusion, pour autant que les savants se laissent aller à croire qu'elle leur livre plus que des visions rétrécies, mais le Réel lui-même – la Nature infinie, nullement réductible à la connaissance.

LVI

Si l'on veut me comprendre

Si l'on veut me comprendre, il ne faut pas me repousser, et l'on me repousse si l'on oppose une opinion hâtivement formée à ce qui est chez moi conviction vécue, voire certitude profondément ancrée. À mon très ancien propos sur la souffrance des enfants « mal absolu », Axèle a opposé une fin de non-recevoir qui m'a fait souffrir comme une brutalité physique. À quoi, à qui songe-t-elle ? À quels enfants, dans quelle situation ? Elle ne se rend pas compte que je *vois* des corps, des visages meurtris, des yeux pleins d'incompréhension qui interrogent, des regards où je lis le reproche ou l'attente désespérée, des regards qui supplient, ou que j'*entends* des hurlements dans des brasiers ou des appels qui vous brisent, ou les silences de ceux en qui la vie est presque éteinte, et cela, ce que je vis, ce que j'entends, ce n'est pas de temps en temps, à certaines heures, mais toujours au fond de moi-même. Bien plus qu'une simple conviction vécue, le propos que j'ai rappelé exprime une émotion fondamentale, qui est à la source de tout ce que j'ai écrit, et source intarissable, car tout vient de là. Schopenhauer dit qu'au principe d'une philosophie, on trouve une unique pensée. Sans doute, en ce qui me concerne, est-ce bien une pensée, mais qui se nourrit d'une unique émotion. Cette émotion et la pensée qui en naît, gouvernent, de près ou de loin, de multiples pensées, de sorte que ce que je dis est une suite et n'est jamais arbitraire. S'il se trouve, par exemple, que j'annule la différence entre guerres « justes » et guerres « injustes », quoique reconnaissant cette différence comme valable « sur le papier », c'est qu'elle n'existe pas pour les enfants qui les subissent. Une bombe « juste » tue, blesse, fait souffrir autant qu'une bombe « injuste ». Si l'on approuve Hiroshima, si l'on me dit qu'Hiroshima était nécessaire, on se trompe si l'on croit que ce propos est compatible avec l'amitié avec moi. Je ne protesterai pas, faute d'assez de confiance dans le pouvoir de ma parole. L'interlocuteur ne verra sur le champ rien de changé dans notre amitié ; ce n'est que peu à peu qu'à divers signes, il sentira que quelque chose est changé : il se demandera pourquoi. On me dira : pourquoi ne pas essayer de faire partager votre émotion ? Vis-à-vis des gens simples, ce n'est pas nécessaire : ils sentent les choses comme moi. Vis-à-vis des intellectuels, c'est peine perdue : le concept est desséchant. Mais Axèle est une femme, donc en soi une mère. Elle est capable d'émotions vives. Peut-être ne dois-je pas désespérer de la tirer hors des rivages du faux.

LVII

Si Eva Marie Saint est ma préférée

Si Eva Marie Saint est ma préférée, et si, dans *La mort aux trousses,* je l'aime infiniment, dans *Sur les quais,* je l'aime plus encore. Comment, dans ce film, puis-je l'aimer « plus encore », alors que, dans le premier, je l'aime déjà « infiniment » ? Le mot « infiniment » n'exclut-il pas qu'il puisse y avoir quelque chose de plus ? Je n'use pas de ce mot à la légère, mais avec rigueur : « infiniment » signifie : « sans nulle réserve ». Si je formulais une quelconque réserve, l'amour dont je parle serait *limité.* Cependant, dans le film d'Elia Kazan, j'aime Eva Marie Saint « plus encore ». Comment est-ce possible ? Peut-on aimer plus qu'infiniment ? Non sans doute, mais si les infinis sont divers *en qualité,* l'un d'eux peut être d'une qualité plus haute que l'autre. C'est le cas ici. Avec *Sur les quais,* l'on se situe dans un registre d'émotions d'une qualité plus tragique et plus haute.

Dans le train, au wagon-restaurant, où a lieu la rencontre, par elle provoquée, avec l'homme séduisant mais poursuivi (autant par la police que par un maître-espion dont on apprendra qu'elle est la maîtresse), Eva Marie Saint déploie toutes les ressources de l'art féminin, sans que ce qu'il y a d'artificiel et de préparé empêche de ressentir un charme et une douceur qui brisent toutes vos défenses. Quoi que ce soit que veuille cette jeune femme si belle, si blonde et au si pur regard, on se sent devenir son allié et être à son côté contre tous les écueils, embûches ou méchancetés du monde. On est son chevalier. Faut-il lutter ? On luttera, bien que détestant la lutte. Faut-il mourir ? On n'y est pas prêt mais s'il le faut, on s'y préparera. Faut-il mentir ? C'est la moindre des choses, et elle-même n'est jamais plus gracieuse et plus sans arrière-pensée, dirait-on, que quand elle ment. Faut-il trahir ? Cela dépend d'elle : à elle de décider. Faut-il jurer sur ce que l'on a de plus cher ? On jurera, c'est certain, et l'on jurera sur « ce que l'on a de plus cher », quoique sans préciser. À voir Eva Marie Saint et son geste de prendre la main qui lui donne du feu et de la retenir, l'on ressent une bouffée de septième ciel. Quelqu'un, hier, m'a rappelé que j'avais écrit : « La femme est un pouvoir de bonheur. » Ce bonheur, à cet instant, est là qui survient comme s'annonçant. Un mouvement quelconque, qui va n'importe où, ne délimite pas le présent. Mais un mouvement qui fait sens, comme ce geste de retenir la main, qui parle bien mieux que des mots, délimite, lui, le présent. La femme dit ce qu'elle veut dire, vrai ou faux, mais la féminité, elle, ne peut mentir, car elle est toute en évidence et irréfutable. L'homme poursuivi ne sait pas qu'il a affaire à une charmante espionne, qui a, d'agir comme elle le fait, des raisons qu'elle ne dit pas. Mais pour nous, peu importe : c'est là un détail qui ne saurait faire obstacle à l'action de grâces adressée à la Nature et à l'éducation prudente et chaste, pour un pareil bienfait que cette jeune fille si belle, si blonde, suffisante à nous réconcilier avec la vie.

Mais nous sommes au cinéma. Si enchanteresse que soit cette actrice, ma préférée (non comme actrice, car c'est Greta Garbo, mais comme femme parmi les actrices), je n'oublie pas qu'elle est un produit de la discipline hitchcockienne. Sa propre nature se plie à la discipline du rôle, car il faut bien jouer la comédie, mais sa nature n'y trouve pas l'occasion d'émerger dans sa vérité par coïncidence avec le rôle. Dans *Sur les quais,* elle est Edie Doyle, dont le frère Joey a été tué, assassiné, et qui s'exclame en un cri de colère, de douleur et d'indignation qui vient de ses entrailles : « Je veux savoir qui a tué mon frère ! » Elia Kazan ne la gouverne pas comme Hitchcock la gouverne. Comme il convient à la femme lorsqu'elle est dans sa vérité, elle n'est gouvernée que par l'amour. Elle ne peut quitter les quais sans savoir pourquoi Joey est mort. Son père la supplie de regagner son collège où les Sœurs de Sainte-Anne la préparent aux concours qui feront d'elle un professeur, « métier décent ». Il lui montre ses mains déformées par le travail, ses pouces, l'un plus court que l'autre. Il lui rappelle les sacrifices que sa mère et lui ont consentis pour lui payer ses études. Elle lui dit sa reconnaissance, son amour. Mais elle doit rester. Joey est mort : qui l'a tué ? Ce qu'elle ne sait pas, c'est qu'un autre amour la retient, un amour plus fort que tout autre amour. Elle aime Terry : « J'ai vu son regard », dit-elle. Et cet amour, et non le metteur en scène, la dirige, l'oblige. Et Terry, l'ouvrier triste et paumé, une vraie « cloche », dit-on, mais jeune et beau, reçoit le don de cet amour, reçoit le tremblement de terre de cet amour. Il répond à l'élan féminin, qui est tendresse, compréhension, douceur, par une transmutation intime de son être, où la résignation morne cède la place à l'énergie, l'aboulie à la volonté, la prudence craintive au courage. Il témoigne devant la commission d'enquête. La vérité sur la mort de Joey vient au grand jour. Le mafioso, qui avait mis la main sur le syndicat, est rejeté par les ouvriers eux-mêmes.

Dans *La mort aux trousses,* l'actrice n'est pas ce qu'elle paraît être. On ne sait qui, quelle elle est. Amoureuse ou faisant semblant ? La vraie nature d'Eva Marie Saint est occultée, refoulée, qui, au contraire, s'exprime dans le film de Kazan, où elle n'a eu qu'à être elle-même pour être dans son rôle. Je me figure que je la vois comme elle est dans sa vie, et je comprends que je n'aurais nul besoin du cinéma pour me la faire aimer.

Il est vrai qu'elle a cinq ans de moins que l'Eva hitchcockienne : jeune fille presque adolescente encore, n'ayant su jusque-là de la vie que ce que lui ont dit les Bonnes Sœurs, se sentant traversée sous nos yeux par la première émotion d'amour – émotion cependant de loin préparée, puisqu'elle avait vu Terry enfant à l'école paroissiale et ne l'avait, dit-elle, jamais oublié. L'Eva d'Hitchcock n'est plus candide. Elle a appris que l'homme est un sujet difficile qui oblige à la ruse. Mais l'homme à qui elle vient en aide lui inspire confiance. Elle voit bien qu'il la mérite. Il y a encore beaucoup de jeunesse en elle, d'aptitude au bonheur. Pourtant, ses avances me trouveraient réticent et fuyant, alors que l'élan de l'Eva adolescente provoquerait un élan réciproque. Est-ce à dire que je préfère les jeunes adolescentes ? Rien ne serait plus faux qu'une telle loi. Seule décide la qualité individualisante, l'*idiôs poion,* comme disent les Stoïciens. Cette qualité est le charme, qui est fortement singulier, et qui tient au rapport entre la beauté immédiate, que l'on voit, et celle, intime et essentielle, que l'on devine, à l'accord entre la beauté du corps et celle de l'âme, si l'on veut.

LVIII

Si Günther Anders a vu juste

Si Günther Anders (alias Günther Stern, époux d'Hannah Arendt de 1929 à 1936) a vu juste, c'est lorsqu'il écrivait : « L'immoralité ou la faute, aujourd'hui, réside dans le manque d'imagination. Et notre premier impératif doit être : élargis les limites de ton imagination, pour savoir ce que tu fais » (*Et si je suis désespéré que voulez-vous que j'y fasse ?,* trad. franç., Allia, 2001, p. 66). Dans la *Confession d'un philosophe,* je citais le cas d'Harry S. Truman qui ne voulait pas voir les enfants d'Hiroshima brûlant dans la fournaise. Voici maintenant le cas d'Otto Ohlendorf, général de brigade SS en 1941-1942. Commandant d'un *Einsatzgruppe,* il avait reçu l'ordre de liquider les Juifs de l'URSS dans une région allant d'Odessa et Mykolaïv à Rostov et comprenant la Crimée. « Bien des gens devaient exécuter des ordres qu'ils désapprouvaient », dit-il (*Les Entretiens de Nuremberg* conduits par Léon Goldensohn, Flammarion, 2005,

p. 470). Il était de ceux qui obéissaient sans approuver. Mais il avait, avec d'autres officiers, manifesté la crainte que les soldats qui tueraient des innocents de sang-froid « ne devinssent des bêtes brutes, incapables de rejoindre ensuite la société des hommes » (cité par D. J. Goldhagen, *Les Bourreaux volontaires de Hitler*, Le Seuil, 1997, p. 157). Comment a-t-il pu supporter que soient exécutés, sous son commandement, 90 000 Juifs ? En pensant abstraitement. En se gardant d'imaginer. Sa position le permettait. Les ordres qu'il donnait n'étaient pas de son initiative. Ils venaient de Heydrich ou de Himmler ; il ne faisait que les transmettre, les appliquer. « Je n'ai rien fait », dit-il (Goldensohn, p. 470) : personnellement, il n'a fait de mal à personne ! Les Juifs : « Ce n'est pas moi qui les ai fusillés. Ce sont des pelotons d'exécution » (p. 471). Des petits enfants ont été exécutés. Combien ? « Je ne sais pas. Je n'en ai vu aucun » (p. 472). Il reçoit des rapports. Que sont ces rapports ? « Rien que des chiffres. » Le concept, le nombre ne sont pas des éléments de pensée, mais des obstacles à la pensée, car ils permettent de se tenir éloignés de la réalité et de l'horrible. « Juif » est un concept qui ne signifie plus un être humain. Des enfants ont été fusillés qui étaient des individus, des personnes, chacune singulière, dissemblable de toute autre, unique ; mais toutes les différences sont annulées et les personnes concrètes réduites à un seul caractère général qui permet de les annuler mentalement, avant de les supprimer physiquement. « Pourquoi me blâmer ? Je n'ai rien fait » : telle est la défense d'Ohlendorf. Il avait une conscience pourtant. Il parle des « nuits blanches qu'il a passées », dit « à quel point cela le perturbait intérieurement » (p. 472). Mais sa conscience était anesthésiée. Le jour, il ne pensait plus, ne voulait plus penser aux images de la nuit.

LIX

Si j'avais rencontré Sunsiaré

Si j'avais rencontré Sunsiaré, ce qui eût pu se faire vers 1958, et peut-être s'est produit, elle allant chez Jacques Casanova essayer une jupe, moi me dirigeant vers la rue Richelieu et la Bibliothèque nationale, cette rencontre se fût réduite à un échange de regards : le mien exprimant un hommage bref devant sa blondeur cendrée et son air décidé, le sien exprimant un plaisir fugitif devant mon fugitif ravissement. Nous aurions compris aussitôt l'un et l'autre que nous étions d'un côté et de l'autre d'une frontière, et que nous ne nous rencontrerions jamais vraiment, comme évoluant dans des sphères d'existence reposant sur des conventions et des valeurs si différentes que c'était pire que si elles étaient contradictoires. Car il ne pouvait y avoir d'échange entre celui dont la vie était réglée pour le travail, pour l'étude et la méditation solitaire, et une jeune femme sémillante et imprévisible, si belle, si « hussarde bleue », et qui, déjà, bien plus que lui, avait « vécu ». Sa place n'était pas avec lui dans sa 4 CV, mais avec Roger Nimier dans leur Aston-Martin, et cela pour se tuer ensemble sur l'autoroute de l'Ouest en s'écrasant contre un pont. Il est clair que lui, le professeur et chercheur modeste et humble (apparemment du moins), était incapable de cette issue tragique d'où pouvait naître la légende, n'ayant jamais eu, malgré sa conduite incertaine, que des accidents matériels. Alors que la fantasque Sunsiaré, exaltée à vivre tout en conquérant l'imaginaire avec ceux qui pourraient la suivre, alors, dis-je, qu'elle avait eu un fils d'on ne savait qui, et avait un mari qu'elle aimait, qui, en tout cas, l'aimait, il était naturel qu'elle ait été attirée par Roger Nimier, et conforme à je ne sais quelle loi de la sphère où ils vivaient, qu'ils se soient tués se connaissant depuis trois semaines. Et contrairement aux romans de d'Ormesson, qui abondent dans tous les kiosques de gare, en pagaille achetés, il est singulièrement beau que son unique roman, *La Messagère,* soit introuvable, et, certes, singulièrement beau et triste qu'elle soit morte à la veille du service de presse. Qui était-elle ? On comprend que Lucien d'Azay, non encore né le 28 septembre 1962 (date de l'accident), soit allé « À la recherche de Sunsiaré » (Gallimard, 2005). Elle a été « fiancée » plusieurs fois, a attiré les hommes, a été attirée par eux, mais non par n'importe lesquels : ni par les jeunes gens, ni par les notables, ni par les universitaires bûcheurs et mesquins, mais par ceux à qui leur talent donnait du prestige. Elle a écrit un roman, signe de son désir de s'exprimer par l'écriture et d'être publiée.

Elle voulait, d'une volonté avide mais cependant ondoyante, devenir une femme de lettres parmi les hommes de lettres, les Julien Gracq et autres, qui la traiteraient en égale. Elle était auprès d'eux insistante, conseilleuse, possessive ; elle en a lassé plusieurs. Si l'invraisemblable se fût produit, que nous nous soyons rencontrés de force, nous étant trouvés, par exemple, dans un hôtel en Suisse, et ayant été isolés plusieurs jours par une tempête de neige, que se serait-il passé ? Elle se serait d'abord étonnée que je n'aie pas lu *Au château d'Argol* et autres romans de Gracq ; l'étonnement serait devenu reproche. Puis, elle en serait venue à la vision des choses qui lui tenait le plus à cœur. Plus ou moins disciple de Raymond Abellio, elle aurait voulu me convertir aux idées ésotériques et fumeuses de *La Structure absolue*. Sa beauté et sa flamme excusant ses parleries, j'aurais supporté de l'écouter deux bonnes journées, non sans répliquer avec vivacité, quoique avec déférence ; puis j'aurais trouvé un prétexte pour m'enfermer dans ma chambre. Cela, alors qu'en 1958, j'avais 36 ans et elle 23. Par ailleurs, qu'elle m'eût séduit si elle l'eût voulu, c'est l'évidence. Aujourd'hui, alors que j'ai atteint le vieil âge, je ne m'intéresserais pas trop à ce que dirait Sunsiaré, mais à elle : je verrais combien elle était peu heureuse sous les nombreux bonheurs changeants qu'elle avait. Sa bonne volonté de bonheur, qui pouvait lui masquer sa radicale insatisfaction, me toucherait d'une sorte de tristesse. Mais si elle n'avait pas été aimée de la façon qu'il fallait au moment où il le fallait, y a-t-il remède à cela ?

LX

S'il faut que je m'explique

S'il faut que je m'explique sur ce « pas du tout » qui a intrigué tel ou telle de mes amis ou amies, je vais tenter de leur donner satisfaction et de les rassurer.

Voici la phrase où l'on peut lire ce « pas du tout » qui les inquiète :

« Je ne suis pas intéressé par la vie éternelle. Et pourtant... Je dois reconnaître que l' "au-delà" aurait une grande importance et une grande signification pour moi. Parce que j'y retrouverais ceux que j'ai aimés et en particulier ma femme ? *Pas du tout !* C'est à ma mère que je songe, morte à ma naissance, que je n'ai pas connue, dont on ne me parlait pas, dont je n'ai qu'une mauvaise photo où elle ne sourit pas. L'au-delà, la vie éternelle : cela signifierait que je verrais le sourire de ma mère » (*La Matière et l'Esprit,* n° 01, avril 2005, p. 20).

Ma femme, Marie-Thérèse, « Mimi », comme l'ont toujours appelée ses amis, que ce soit ceux de Strasbourg, de Paris, de la Corrèze ou du Jura, ou comme on l'appelait dans sa famille et dans la mienne, Mimi donc, avec tout ce que ce mot signifie pour moi, est indissociable de mon être et même du savoir que j'ai de moi-même, puisque pour elle seule j'avais le sentiment d'être vraiment celui que je suis, les autres ne me voyant que par aspects seulement. On me dit : elle est morte, elle est absente de votre vie ; dans l'au-delà, vous la retrouveriez, elle vous serait à nouveau présente. Or, cette présence sensible est pour moi peu de chose. Lorsqu'elle était vivante, qu'elle soit auprès ou loin de moi, comme lorsqu'elle allait, pour plusieurs semaines, voire un mois ou plus, tenir compagnie à sa mère âgée et souffrante, c'était comme si elle ne m'avait quitté que pour quelques heures. Morte, elle m'a simplement quitté pour un peu plus longtemps. Bien sûr, la présence sensible a été nécessaire au début, lors de nos premières rencontres et de beaucoup de celles qui sont venues après. Ce n'est qu'à la longue qu'elle est devenue peu de chose, tellement ce qui se donnait sensiblement et était à apprendre, à découvrir, a été intériorisé. Au contraire, dans le cas de ma mère, cette présence sensible initiale a fait défaut. On me dira que lorsque ma femme revenait de voyage, j'étais heureux de la revoir. Oui. Cependant, je la revoyais en moi, en pensée et en émotion, mille fois chaque jour – et j'étais à son esprit tout aussi présent. Dans l'au-delà, je la reverrais comme si elle revenait de voyage. Cela n'apporterait rien de fondamental. On objectera : vous dites n'être pas intéressé par la vie éternelle. N'êtes-vous pas intéressé à ce que votre femme revienne de voyage plutôt qu'elle n'en revienne jamais ? Oui, mais il se trouve que je sais, ou du moins je crois, qu'elle ne peut revenir de voyage. Alors, je me dis que ce n'est pas trop grave, car Mimi ne peut m'être enlevée, puisqu'elle m'est consubstantielle. Au contraire, ma mère ne m'a jamais été donnée.

LXI

Si je veux être ému

Si je veux être ému, je relis la lettre que Françoise de Monner m'a adressée le 5 octobre 1998, lettre qui fait revivre mes souvenirs de l'année 1941-1942, où celle qui serait un jour ma femme était ma professeur de lettres.

Voici cette lettre :

« Monsieur,

« Ancienne élève de votre femme au lycée Hélène-Boucher (1950-1952), je vous remercie d'avoir – dans votre livre *Ma vie antérieure* et à France Culture – fait revivre son image. Immédiatement, j'ai souhaité vous faire part de quelques petits "flashes" qui vous montreront combien elle reste vivante dans mon souvenir. Ainsi :

« — un pull bleu-vert turquoise qui allait si bien à son teint et à la couleur de ses cheveux ;

« — son regard un peu perdu fixant l'autre côté du cours de Vincennes (exactement l'enseigne sur le toit de l'hôtel Printania – c'est elle qui nous l'avait "avoué"), quand on ânonnait les préparations latines et qu'alors seul le silence de la fin du paragraphe la faisait revenir au cours de l'interrogation ;

« — son absence le jour de votre agrégation ;

« — le dernier cours de l'année, qu'elle avait consacré au roman policier ;

« — la présentation et la "mise en situation" du *Phèdre* (je crois...) de Platon, où elle évoquait Socrate avec ses disciples sous un olivier en pleine chaleur – "il n'y a pas d'ombre sous un olivier" : je ne peux plus voir un olivier sans penser à cette remarque ;

« — le récit de quelque saillie de votre fils François ("la meilleure période des enfants est de 4 à 8 ans" – cela non plus, je ne l'ai pas oublié) ;

« — la présentation de Rimbaud : jeune, à Charleville, avec sa mère et ses sœurs, où il se distinguait par ses frasques et l'excellence de son travail, ou plus tard ensuite chez Mme Verlaine où ses chaussettes bleues avaient fait scandale ;

« — ses réticences à l'œuvre d'Anouilh (qui passionnait les adolescentes que nous étions), au profit de celle de Giraudoux, qu'elle nous a fait connaître et apprécier ;

« — la découverte de Lorenzaccio, qu'elle avait choisi pour étudier un drame romantique à la place de *Hernani* ou de *Ruy Blas*. Cette dernière pièce, nous l'avons jouée au lycée, parce que votre femme nous avait dit incidemment qu'elle rêvait de monter un drame romantique, et dès le lendemain, nous lui avions demandé de nous aider à mettre en scène *Ruy Blas.* Quand j'y réfléchis maintenant, cette "représentation" me paraît bien ridicule (il n'y avait pas de garçons pour les rôles masculins et la salle d'études tenait lieu de théâtre). Mais quel bonheur pour les adolescentes que nous étions de jouer tout en côtoyant "hors de la routine" votre femme qui allait de l'une à l'autre pour arranger un costume, rectifier un maquillage, se précipiter auprès de "Don Salluste" qui, dans l'excitation du moment, déployait une crise de nerfs dans les toilettes ("ce n'est pas un lieu romantique", disait votre épouse, se hâtant dans le couloir, un flacon de "sels" – ou de ce qui en tenait lieu – à la main).

« Vous trouverez sans doute incongru que je vous livre tout à trac ces petits "détails" qui ne sont rien à côté de l'enseignement qu'elle pouvait dispenser et de la passion de la littérature qu'elle tentait de nous communiquer. D'autres élèves, et non des moindres (pour ne citer que l'actrice Marie Dubois) ont dû exprimer toute la richesse qu'elles avaient pu en retirer.

« Oui, nous aimions votre femme, toutes, des futures mentions TB au baccalauréat aux plus modestes d'entre nous. Je n'ai gardé aucun contact avec ces condisciples, mais je reste persuadée qu'elles ont conservé un souvenir ébloui de ces années. »

LXII

Si tu te souviens de notre rencontre

Si tu lis ces pages, et si, jeune fille en rose, tu te souviens de notre rencontre, toi dont je n'ai jamais su le nom, qui non plus n'a pas su mon nom, ne manque pas, toute affaire cessante, de venir à Treffort pour entendre ce que je n'ai jamais pu te dire, et cela sans prendre garde à notre âge, moi ayant dépassé les 80 ans, toi en étant bien près.

Notre échange de paroles avait à peine commencé lorsqu'il fut interrompu, brisé. Je t'avais vue à la bibliothèque Sainte-Geneviève, alors que j'étudiais Leibniz. Tu m'avais souri. Nous n'étions pas sortis ensemble, mais le hasard avait fait que nous nous étions retrouvés peu après, rue Médicis, à écouter une conférence suivie de débat (comme il y en avait tant en ce printemps de 1945). Un royaliste et un marxiste – c'était Pierre Fougeyrolles – se heurtèrent courtoisement. J'étais près de toi. Je t'ai adressé la parole. Nous sommes sortis et avons marché jusqu'au métro Saint-Michel. Je ne retiens de ces moments qu'une singulière impression de douceur. Tu étais candide. Je l'étais tout autant. Nous prîmes ensemble le métro, direction Porte de Clignancourt ; je te quittai à la station Strasbourg-Saint-Denis, où je pris la direction Nation.

Sans nous être concertés, nous nous retrouvâmes à la bibliothèque Sainte-Geneviève deux jours après. Aussitôt que je t'eus vue, j'allai à toi et nous sortîmes ensemble. Nous allâmes au jardin du Luxembourg. Tu m'as dit que tu étais élève en classe terminale, tu avais à préparer une dissertation, qui consistait en un commentaire d'une phrase de Bergson. Quelle était cette phrase ? J'ai cru longtemps que c'était : « Percevoir, c'est se ressouvenir. » Aujourd'hui, je penche plutôt pour : « C'est la matérialité qui met en nous l'oubli. » J'expliquais cette phrase, à moins que ce ne soit l'autre ; j'essayais de t'aider. Que disais-je ? Que disais-tu ? Nos paroles se sont évanouies, difficiles à retenir. Nous étions tout à notre rêve.

Nous nous vîmes plusieurs jours de suite au jardin. Tu m'appris que tu étais arrivée, avec tes parents, depuis peu, de l'Aveyron. En ces journées de la Libération, il y avait en toi une naïveté d'espérance pour nous et pour le monde. J'ai souvenir du dernier jour. Tes yeux rayonnaient et disaient bien d'autres choses que les mots eux-mêmes. Nous prenions le métro à la station Saint-Michel. Nous laissâmes passer plusieurs rames, toutes bondées. Puis nous décidâmes de nous faire une place dans le prochain wagon. Mais toi seule pus entrer. Je restai sur le quai.

Je ne t'ai jamais revue. Je ne savais ni ton nom, ni ton prénom, ni ton adresse, ni toi les miens. Je t'ai recherchée longtemps, longtemps, des années...

LXIII

Si la morale doit être fondée

Si la morale doit être fondée, c'est avant tout pour que l'idée de l'égalité en droit de tous les hommes (quoi qu'il en soit des inégalités de fait dues soit à la nature, soit à la société) s'impose à tous les esprits, tout comme s'impose une vérité mathématique – insaisissable malgré tout aux esprits bornés.

Essentiellement borné est le raciste qui conclut de l'inégalité naturelle à l'inégalité de droit. Walther Darré regrette la conversion des Germains au christianisme, car « en opposition absolue avec la conception germanique de l'inégalité héréditaire entre les hommes, le christianisme élevait en règle morale le précepte de l'égalité entre tous les êtres à figure humaine » (*La Race,* trad. franç., Sorlot, 1939, p. 35). Aujourd'hui, avec le christianisme, « le marxisme s'oppose à la reconnaissance de l'inégalité héréditaire qui est le fond même de l'homme » (p. 73) ; quant au libéralisme, « à scruter le fond de sa doctrine, il ne s'écarte pas sensiblement du marxisme » *(ibid.)*.

Mais la « morale » raciste ne peut être fondée, car on ne peut fonder, c'est-à-dire justifier, le droit à partir du fait – conclure de ce qui est à ce qui doit être. J'écris le mot « morale » entre guillemets pour la raison suivante. Il convient de distinguer le principe et le fondement. Le principe est la proposition première d'où d'autres propositions découlent. Le fondement donne le pourquoi du principe. Une éthique est une façon d'organiser sa vie en fonction d'un principe. Les éthiques sont diverses et reposent sur de libres choix : telles l'éthique du plaisir, l'éthique du bonheur, l'éthique de la gloire, l'éthique de l'honneur, l'éthique de la création, etc. Une éthique n'est pas fondée : celui qui choisit la gloire ne peut montrer que tout homme devrait la choisir. La « morale » raciste est une éthique qui repose sur le principe racial. Elle est d'ailleurs anti-morale, comme le serait une éthique de la vengeance, par exemple. En bref, une éthique a un principe, seule la morale a un fondement.

Le principe de l'éthique chrétienne est : « Tu dois aimer ton prochain » – entendant par « prochain » tout être humain. Mais l'amour de l'ennemi va au-delà de ce qui peut être exigé de chacun. L'éthique chrétienne est supramorale. Car le principe de la morale est seulement : « Tu dois respecter tout être humain. » À dire vrai, si nous avions affaire non pas à un être humain, mais à un être divin, un dieu grec par exemple, nous lui devrions du respect s'il était un être raisonnable. Une autre formule du principe de la morale est donc celle-ci : « Tu dois traiter, soit en paroles, soit en actes, tout être humain comme digne de respect en tant qu'être raisonnable, et comme ton égal en tant que tel. » Il est clair, en effet, que quelles que soient les hiérarchies qu'il peut y avoir dans la société, elles ont le caractère d'un accident par rapport à une égalité fondamentale.

Or, cette égalité est mise en œuvre dans le dialogue. Supposons que je sois un humain de couleur noire qui vend des mangues. Un blanc raciste m'adresse la parole : « Tes mangues sont trop chères », me dit-il. Cela est vrai ou cela est faux. Pour mon client, il est vrai qu'elles sont trop chères ; pour moi, cela n'est pas vrai. Ainsi, nous dialoguons sous l'idée de vérité ; nous nous présupposons mutuellement comme capables de saisir les raisons des choses, de poser la question « pourquoi ? », etc. Il me parle comme à un être raisonnable, comme tel son égal. Si Hitler eût accepté de dialoguer avec un Juif, il eût, par le fait même du dialogue, contredit sa thèse raciste de l'inégalité en droit des humains. Dans un dialogue, mon interlocuteur est postulé être un être raisonnable, comme tel mon égal. Ainsi le principe de la morale, à savoir que tous les humains sont égaux en droit, trouve son fondement dans la possibilité même du dialogue.

Celui qui nie que ce principe doive être fondé, ou puisse l'être, le considère par là même comme reposant sur un choix arbitraire, puisque non fondé – arbitraire tout comme l'est le principe du racisme, ou de l'éthique hédoniste, eudémoniste, ou autre. Supposons toutefois qu'il s'engage dans un dialogue avec un autre être humain. Il lui apparaîtra que ce n'est pas en vertu d'un libre choix qu'il le considérera comme son égal, mais qu'il ne saurait faire autrement à moins de supprimer la condition même du dialogue.

Encore ceci. Pour qui nie qu'il y ait lieu de fonder la morale, la morale n'est qu'affaire d'opinion. Or, s'il accepte de distinguer morale et éthique, ce ne pourra être qu'en reconnaissant que nous avons des devoirs inconditionnels. Mais un devoir inconditionnel ne peut être une affaire d'opinion. Je passe près d'un étang où des gens se baignent. Je suis libre de leur porter attention ou non. Mais voici qu'un baigneur appelle « au secours ! » Je suis bon nageur. Puis-je, d'un point de vue moral, me dispenser de lui venir en aide ? Non, bien sûr. Le devoir s'impose sans qu'il y ait lieu à débat. La morale n'est pas affaire d'opinion. Elle s'impose universellement. Mais ce qui s'impose universellement porte, par là même, le caractère de la raison, et est non pas arbitraire, mais bien fondé (justifié).

LXIV

Si j'avais été le maire de Paris

Si j'avais été, en 2005, le maire de la ville qui revendiquait l'honneur d'organiser les JO en 2012, je n'aurais pas manqué de crier haut et fort que, des cinq villes prétendant à cet honneur, Paris seule en était digne, car, dès lors que l'esprit olympique est un esprit de paix, on ne pouvait confier l'organisation des Jeux à des États bellicistes sans contrevenir à l'esprit même qui était leur raison d'être et leur donnait une signification universelle.

En Grèce, ils étaient organisés à Olympie, dans la province de l'Élide. Rappelons que le Péloponnèse était la « terre promise » des Héraclides (entendant par là les descendants immédiats d'Héraclès et de Déjanire). Ils durent au héros Oxylos de les y conduire. Oxylos eut en récompense le royaume d'Élide, tout en reconnaissant, sous la foi du serment, que l'Élide serait consacrée à Zeus : « Quiconque porterait les armes contre elle serait maudit, aussi bien que quiconque refuserait de lui venir en aide de toutes ses forces. » Ainsi s'explique, ajoute Strabon, que « lorsque plus tard fut fondée la cité des Éléens, on s'abstint de l'entourer d'un rempart, et que les troupes en campagne qui avaient à traverser le pays déposaient leurs armes et ne les recouvraient qu'à la sortie du territoire éléen » (*Géographie,* VIII, 3, 33).

Après Oxylos, c'est Iphitos, personnage historique, qui fut le roi de l'Élide. Sur le conseil de l'oracle de Delphes et profitant du caractère sacré qui s'attachait à la province, il remit en vigueur les Jeux d'Olympie, jadis fondés par Héraclès, mais tombés en désuétude. Par une entente avec Lycurgue, le législateur de Sparte, il réalisa même un commencement d'union panhellénique lors des panégyries d'Olympie.

Les Éléens bénéficièrent longtemps d'une sorte de paix perpétuelle. Polybe parle de « l'existence presque sacrée qui fut autrefois leur partage, alors que du consentement des Grecs, l'Élide était, en l'honneur des Jeux olympiques, un pays inviolable, fermé au pillage, et où chacun vivait paisiblement loin des périls et du fracas des armes » (*Histoire,* IV, p. 73). Ainsi, « tandis que les autres peuples ne cessaient de se faire la guerre, ils vivaient, seuls, dans une paix profonde, et les résidents étrangers en bénéficiaient avec eux, ce qui eut pour conséquence un essor sans égal de leur population » (Strabon, VIII, 3, 33). Les campagnes de l'Élide étaient les plus peuplées et les plus riches du Péloponnèse. Les gens étaient si heureux qu'ils ne bougeaient plus de chez eux. Polybe parle de « familles opulentes qui depuis deux ou trois générations ne sont pas allées une seule fois à Élis » (IV, 73).

Hélas ! avec le temps, les Éléens négligèrent de faire valoir auprès des autres Grecs leur inviolabilité traditionnelle : singulière imprévoyance. Les tracas de la guerre ne les épargnèrent plus. Polybe leur reproche leur négligence : « Pouvoir obtenir à jamais des Grecs, sans blesser en rien la bienséance et l'honneur, la jouissance assurée d'un bien que nous demandons tous aux dieux, d'un bien que nous sommes prêts à acheter par mille souffrances, qui seul a parmi nous une valeur incontestée, je veux dire la paix, et ensuite négliger ce bien ou lui en préférer un autre, n'est-ce pas une sottise évidente » ? (IV, 74).

On voit combien les 54 membres du Comité international olympique qui, le 6 juillet, à Singapour, choisirent Londres comme ville organisatrice des Jeux de 2012, étaient oublieux de l'esprit même qui préside à cette compétition. Car les États-Unis ayant engagé, sous un prétexte inexistant, une guerre d'agression contre un petit pays déjà exsangue, l'Irak, le Royaume-Uni se fit le complice de ce qui était un attentat délibéré à la paix. N'était-il pas particulièrement absurde de l'honorer au nom des valeurs de paix ?

LXV

Si la morale est vraie

Si la morale est vraie – Pascal ne parle-t-il pas de la « vraie morale » ? –, le relativisme est faux, et Spinoza a tort d'écrire : « Nous ne nous efforçons à rien, ne voulons, n'appétons, ne désirons aucune chose, parce que nous la jugeons bonne ; mais au contraire, nous jugeons qu'une chose est bonne parce que nous nous efforçons vers elle, la voulons, l'appétons et désirons » (*Éthique,* III, IX, Scolie), ce qui peut se simplifier ainsi : « Ce n'est pas parce qu'une chose est bonne que nous la désirons ; c'est, au contraire, parce que nous la désirons que nous la jugeons bonne. » Cela n'est pas complètement faux. Le tort de Spinoza est de parler universellement. Car les valeurs morales échappent à la relativité.

Il est clair que tout ce qui fait la valeur des décorations est le désir que les gens en ont, ou la fierté qu'ils en retirent lorsqu'ils ne les ont pas demandées. Suis-je titulaire des Palmes académiques ? C'est bien probable, mais à dire vrai je n'en sais rien, tant je jugerais puéril de tirer de là quelque fierté. La gloire a-t-elle quelque valeur ? Je ne lui en accorde aucune, ne la souhaitant pas. En revanche, j'en accorde au jugement favorable d'autrui, tout simplement parce que je préfère que mes écrits suscitent de l'estime plutôt que du mépris. Toutefois, si je ne l'obtenais pas, je n'en ferais pas un drame ; et d'ailleurs, je ne l'obtiens pas toujours... On peut encore donner raison à Spinoza si l'on songe à la façon dont sont valorisés les objets sexuels, j'entends les hommes et les femmes non en tant que personnes, mais en tant qu'objets de désir ou de préférence amoureuse. Mais la santé n'est-elle pas un bien ? Chacun en juge ainsi. Cependant, le souhait unanime d'être en bonne santé n'empêche pas que la valeur de la bonne santé ne soit relative à ce souhait. Une personne que je connais se plaint d'être en bonne santé : elle a horreur de la vieillesse et craint de vivre longtemps.

Mais les valeurs morales, elles, sont hors de toute relativité. La personne humaine est une valeur absolue. Le christianisme, Kant, ont raison contre Spinoza. L'esclavage, l'exploitation de l'homme par l'homme, l'exploitation de l'enfant par l'adulte, l'injustice, la cruauté, le sadisme sont mauvais. On peut préférer ce qui est mauvais : cela ne le rend pas bon. Les racistes se trompent : ils jugent bon ce qui est mauvais. Les nazis aimaient le mauvais, tout comme les malades coprophages. Si la personne humaine a une valeur absolue, il en va de même pour le respect de la personne quelle qu'elle soit, homme ou femme, sain ou malade, adulte ou enfant, enfant né ou à naître. Valent de même absolument, la justice, la véracité (comme attachement à la vérité), la bonne foi, la probité, l'honnêteté, toutes vertus qui impliquent le respect de la personne.

Si l'on nie l'absoluité de la morale et des valeurs morales, la distinction de la morale et de l'éthique perd son fondement.

LXVI

Si vous passez à Altillac

Si vous passez à Altillac, vous n'y verrez rien qui rappelle le souvenir de mon père, à qui la commune doit beaucoup, mais dont elle a laissé glisser le souvenir dans l'oubli.

Avant la Seconde Guerre mondiale, comme adjoint au maire, Ernest Faugère, avocat à Figeac et souvent absent, il travailla à désenclaver – terme qu'à la maison, nous entendions souvent – les villages et les hameaux. Les chemins de char, pour certains devinrent des routes, pour d'autres furent délaissés, des routes étant construites selon un meilleur tracé : en ce cas, que de diplomatie pour obtenir des paysans qu'ils donnent le terrain, ou acceptent de le « céder » contre un dédommagement. Outre que mon père avait beaucoup d'entregent, il collaborait avec les ingénieurs du génie rural et les maîtres d'œuvre ; souvent, il mettait la main à la pâte à côté des ouvriers. Pour l'entretien des chemins, il allait avec les cantonniers sur place, le matin, leur indiquer le travail à faire.

Pendant la guerre, il n'était plus à la mairie. Il aida la Résistance. Magasinier du maquis, il gardait dans sa grange les vêtements destinés aux maquisards. Des gens de passage, s'y étant reposés, en repartirent en emportant vestes, treillis, brodequins. Cela intrigua les gendarmes. Mon père fut arrêté, interrogé à Brive par la Milice. Il fut, au bout de quelques jours, relâché, ayant prétendu qu'il ne savait pas ce qu'il y avait dans sa grange : cela parut plausible, les vêtements étant dissimulés sous une épaisse couche de paille. En 1944, il fut Président du Comité de Libération. On le sollicita pour qu'il prît la mairie, ce qu'il refusa, craignant que la fonction lui « mangeât » trop de temps. Mais en 1958, il estima, à l'âge de la retraite, qu'il pourrait disposer de ce temps. Il fut élu par 480 voix sur 505 votants. Jusqu'à sa mort, en 1977, il « régna » sur la commune, à la satisfaction de tous.

J'ai sous les yeux une coupure de presse de l'année 1985 : « Le 11 novembre à Altillac : une grandiose et émouvante cérémonie. » L'objet de cette cérémonie était la « remise des diplômes de la Résistance à différentes personnes de la commune ». Sont nommés surtout des paysans qui ont apporté aide et subsistances aux maquisards, lesquels campaient au fond des bois de Rocoucourbine, dans le haut Altillac. Mon père n'est pas nommé. Nul n'évoque son souvenir. Le maire fait un discours. Je le connais depuis toujours. C'est Pierrot, dont j'ai parlé dans *Ma vie antérieure,* qui, à la requête de l'inspecteur : « Toi, mon petit, cite-moi un verbe », répondit : « lune ». Il est mort ; son nom a été donné à la place de la mairie. Il avait été employé de perception, je crois. C'était un bon vivant, sans méchanceté, un « brave type » ; il ne se distingua par rien de particulier.

LXVII

S'il est une chose certaine

S'il est une chose certaine, c'est que je redirais ou écrirais à nouveau, jusqu'à la fin des temps, ce que j'ai écrit un jour, qui eût pu être tout autre jour, ceci : « J'accepte de vivre sous un régime totalitaire si le prix à payer pour la liberté est la mort, le sacrifice d'un enfant. » À dire vrai, il n'est personne qui ne dise exactement la même chose, si du moins il veut bien ne pas penser abstraitement. Car il ne peut bien entendre cette phrase que s'il remplace l'abstraction « un enfant » par le nom de son petit-fils, Martin, Paul ou autre, ou de sa petite-fille, Claire, Marie ou autre. Chacun dira : « J'accepte de vivre sous un régime totalitaire si le prix à payer pour la liberté est un sacrifice humain, celui de ma petite Marie. » Les choses seront-elles différentes si le régime totalitaire est particulièrement sanguinaire, exterminant, par exemple, tous les enfants d'une certaine « race » ? Ne convient-il pas d'accepter que soit sacrifié un enfant pour en sauver cent mille ? Ou : ne convient-il pas de sacrifier une petite Marie pour sauver cent mille petites Marie ? La réponse va de soi : évidemment non ! Sinon, l'on revient aux sacrifices humains et à la barbarie.

Si maintenant l'on demande : ne convient-il pas de combattre un régime totalitaire, injuste et exterminateur ? La réponse, ici encore, est évidente. Faut-il le combattre par la guerre ou d'une autre façon ? La réponse est : « d'une autre façon ». Mais supposons qu'il n'y ait pas, à ce qu'il semble, d' « autre façon » : ne faut-il pas faire la guerre ? Le belliciste s'y résoudra. Le pays soumis à un régime totalitaire subira des bombardements. De nombreuses petites Marie périront dans les flammes. Le belliciste dira que ce n'est pas ce qu'il voulait, que ce n'est là qu'un « dommage collatéral ». Le pacifiste, qui aura vu à l'avance les petites Marie brûler vives, aura refusé de participer à la guerre. Il aura examiné le refus que le belliciste oppose à l'idée d'une alternative à la guerre. Il rejettera le bellicisme comme une solution paresseuse, et recherchera une solution autre que la guerre. Ce pourra être l'assassinat du dictateur. Cet acte sera l'affaire des services secrets ou des hommes politiques, à l'occasion. Par exemple, lors des entretiens de Munich, en 1938, Daladier, au lieu de faire ami-ami avec Hitler, eût pu le tuer. Que cette idée paraisse, à la plupart des gens, plus choquante que l'idée d'une guerre avec des millions de victimes, est vraiment étonnant. Du reste, l'homme politique est, à notre époque, un être si diminué par rapport à ce qu'il fut à la Renaissance, qu'une telle idée a vraiment peu de chance de lui venir à l'esprit. Alors, quelle alternative à la guerre ? Si celle-ci est voulue par le dictateur, comment y échapper ? La meilleure volonté du monde peut y être impuissante. La guerre a lieu. Le pacifiste ira-t-il jeter des bombes et créer des fournaises où brûleront les petites Marie ? Un tel « pacifiste » me décevrait singulièrement. La direction d'intention de l'aviateur jésuite qui veut le bien, mais non l'horreur et le mal adjacents, ne m'intéresse pas.

La faiblesse de la position du pacifiste est celle-ci. Il sait que la maxime de son inaction est universalisable, au sens de Kant : si tous les hommes – amis ou ennemis – refusaient la guerre, la guerre n'aurait pas lieu. Mais il sait qu'elle ne sera pas universalisée ; et il espère peut-être que se trouvera assez de non-pacifistes pour faire la guerre et pour la gagner. Y a-t-il une essentielle mauvaise foi du pacifiste ? Cela est très possible. Mais si observer cela enveloppe un blâme, cela ne constitue pas une réfutation. Si même le pacifisme n'était qu'une invention du lâche qui trouve là le moyen honorable d'échapper aux périls mortels de la guerre, la même réflexion vaudrait. Mauvaise foi, lâcheté supposées, importent peu lorsqu'il s'agit d'une opposition résolue au déchaînement du mal et au dévoiement de la conscience dans la guerre.

LXVIII

S'il y a un sens de l'histoire

S'il y a ou non un sens de l'histoire, c'est ce dont je n'ai pas un vrai savoir. J'écrivais, le 10 mai, à Sébastien et Syliane Charles, que le « oui » au référendum du 29 mai devrait l'emporter, « car le mouvement de l'histoire est en faveur de l'Europe » – entendant : de l'unité politique de l'Europe. Je penchais néanmoins pour le « non » : il me semblait prématuré de songer à une unité politique de l'Europe, alors que, sur une question aussi essentielle que la guerre dans le respect du droit, le désaccord était complet entre, d'une part, la France et l'Allemagne, d'autre part, la Grande-Bretagne, l'Italie, la Pologne et quelques autres États qui avaient mené en Irak une guerre d'agression. Mais l'unité politique de l'Europe était sans doute appelée à se réaliser dans l'avenir. La condition en serait que les pays de l'est de l'Europe se libèrent de leur proaméricanisme et pensent par eux-mêmes.

La condamnation de la traite des Noirs par le Congrès de Vienne en 1815 et sa disparition au cours du XIXe siècle, l'abolition de la torture légale à la veille de la Révolution française, la fin de la monarchie dite « absolue » (en fait limitée par les lois fondamentales du royaume), la fin de la colonisation et l'indépendance accordée à l'Inde et au Pakistan, puis à l'Indonésie, au Viêt-nam, au Cambodge, à la Tunisie et au Maroc, au Ghana, au Nigeria et aux colonies françaises d'Afrique noire, à l'Algérie, enfin à l'Angola et au Mozambique, sans parler de Madagascar, de Cuba dès 1901, du Brésil, de l'Équateur, du Chili, de la Colombie, au début du XIXe siècle, de l'Argentine, en 1816, etc., et en laissant de côté les suites encore mal fixées de la déconstruction de l'Union soviétique : que signifie tout cela sinon qu'il y a des chemins par lesquels l'histoire ne passera plus ? Quant à sa route à suivre désormais, elle est clairement balisée par les idéaux que la Révolution française a mis au jour, avec l'approbation des philosophes. Certes, dans les faits, l'on peut constater bien des entorses, et fort graves, à la loi morale qui commande le respect inconditionnel de l'être humain et le respect de la souveraineté des peuples. La torture, le terrorisme sont des faits. Cependant, les États mêmes qui ont engagé la guerre ou des actions préventives (guerre d'Irak, assassinats ciblés, etc.) ne nient pas la valeur des idéaux de la Révolution, tels qu'ils ont été repris par l'Organisation des Nations Unies.

À la lumière de ces idéaux, l'on voit que le nazisme et le communisme, bien loin de pouvoir être rapprochés, sont en opposition complète. Car, avec Hitler, l'humanité allait en arrière, tandis qu'avec la Révolution russe et Lénine, elle allait vers l'avant. Le racisme est, en effet, négateur de l'égalité en droit de tous les hommes, quoi qu'il en soit de leur inégalité naturelle, et donc négateur des idéaux de la Révolution de 1789, tandis que le marxisme, qui a inspiré la Révolution russe et la pensée de Lénine, se veut le continuateur de 1789 et de 1793, et veut non pas abolir les idéaux révolutionnaires, mais au contraire ne pas les laisser à mi-chemin et les réaliser. Nazisme, communisme : d'un côté le passé, de l'autre l'avenir. Certes, le socialisme s'est avéré irréalisable dans un seul pays, et l'héroïque entreprise de Lénine a finalement échoué, le capitalisme ayant gagné la guerre froide. Mais l'idéal demeure sous la forme générale d'un monde de justice et de paix, où les riches seraient presque pauvres et les pauvres presque riches. Utopie ? sans doute, mais ou l'humanité se laissera aller à la dérive, ou elle se laissera guider par la bonne utopie. Sera-ce l'un ou l'autre ? De cela, j'ai dit que je n'avais pas un « vrai savoir ».

LXIX

Si je suis pudique

Si je suis pudique, ma volonté n'y est pour rien : cela m'est naturel. Il me faudrait, au contraire, un grand effort de volonté pour contrarier ma nature et la forcer à l'impudeur. Pourquoi suis-je ainsi ? Quel sens cela a-t-il d'être ainsi, alors que, je le vois bien, la pudeur n'existe pas au même degré chez d'autres ? Je ne m'interroge pas : la pudeur est toute spontanée ; c'est donc une attitude affective, un sentiment, parfois une émotion, nullement une vertu.

La pudeur a un sens. Tout se passe comme si je voulais que l'on ne me confonde pas avec mon corps. Le corps est une chose, mais ce n'est pas moi. Je prends mes distances à l'égard des fonctions corporelles. Si l'on me voyait tout nu, je me trouverais associé à des fonctions qui me tirent vers le bas, vers l'animal peut-être. Ma pudeur est une protestation contre le fait de me regarder par où je suis comme tout le monde. Je suis singulier, mais les parties du corps auxquelles on songe ici n'ont rien de singulier. Que disent-elles ? Simplement que je suis de l'espèce humaine. Lorsque j'en use, je deviens quasiment indiscernable d'un homme quelconque. Dans la conversation, je me garde aussi de parler de ces choses. Spontanément, j'oriente les propos vers des sujets intellectuels plus ou moins éthérés. Je parle volontiers de l'amour, mais non de la sexualité : je n'apprécie pas que l'on puisse penser à ce côté de mon être incarné. Car, si quelqu'un me voit sous ce jour, il me voit comme un être banal. Cela le rassure et lui plaît, car il n'y a pas ici de profondeur par où ménager mon inaccessibilité, ma transcendance.

La pudeur spirituelle relève aussi d'une sorte d'autodéfense. L'on peut parler de bien des choses avec des visiteurs ou des amis. Mais je ne dis ce qui me tient à cœur qu'à très peu de personnes. Je puis graduer de 0 à 10 l'intensité de satisfaction que j'ai dans l'échange de paroles avec autrui, que ce soit – rarement – au café, ou chez moi, autour d'une tasse de thé ou autrement. Je ne pense pas avoir jamais eu une satisfaction qui aille au-delà du huitième degré. En général, l'on reste dans la zone moyenne, et souvent je me protège par l'humour ou des propos peu sérieux. C'est seulement si je perçois, chez l'interlocuteur, une capacité d'attention extrême, une disponibilité du cœur et de l'intelligence, et un sérieux profond à la hauteur du mien, que je puis me laisser aller à exprimer ce qui m'est le plus essentiel. Ordinairement, je me tiens à la surface de moi-même, ne laissant voir et entendre que ce que l'on s'attend à voir et à entendre : rideau protecteur qui permet de penser au-dedans. La pudeur de l'esprit veut que ne soit pas livré à la conversation quotidienne et curieuse ce qui suppose le recueillement.

Quant au côté rigoureusement affectif et personnel de moi-même, il va de soi que de mon amitié ou de mon amour pour mes amis et ma famille, je ne fais pas mystère. Mais il peut m'arriver d'être en proie à une émotion d'amour d'une autre sorte. Lorsque j'étais jeune et même lorsque je l'étais moins, tout en me gardant que mes amis et mes proches n'aient des soupçons de ce qui m'animait, je ne voulais pas que la personne aimée fût dans l'ignorance de ce que je ressentais pour elle, non forcément pour en obtenir quelque chose, mais pour le mouvement que je donnais à sa sensibilité, malgré elle peut-être, mais pas tout à fait cependant. Or, à l'âge que j'ai, je préfère laisser l'émotion dont je parle à elle-même, ignorée de tous, même de celle qu'à une autre époque de ma vie j'eusse mis dans la confidence, comme étant la première intéressée. Je protège cette émotion singulière, cette sorte de vie profonde, même des rêves de mon imagination, me contentant d'une sorte d'affection pure, muette et infinie.

Ainsi, avec le phénomène de la pudeur, l'être humain s'analyse en niveaux, qui vont du corporel au spirituel et à l'intime, de l'universel ou du général au singulier, du commun au propre. La pudeur révèle l'être humain comme un ensemble hiérarchisé et construit, qui ne doit rien à la volonté, ni à une quelconque « vertu ». Cela est ainsi.

LXX

Si la liberté n'était que le libre arbitre

Si la liberté n'était que ce que l'on entend communément par « libre arbitre », elle ne serait pas *ma* liberté.

J'admets la notion de « libre arbitre », mais je l'entends autrement que d'ordinaire. Bossuet explique que « libre arbitre » signifie deux choses : 1 / la puissance de « faire ou de ne pas faire quelque chose » ; 2 / l'indifférence « dans les choses où il n'y a aucune raison qui nous penche d'un côté plutôt que d'un autre ». J'admets le premier point ; je n'admets pas le second.

Lorsque j'ai défini le libre arbitre comme « le pouvoir de se déterminer soi-même sans être déterminé par rien » (*L'Aléatoire,* PUF, p. 136), j'entendais évidemment : par rien d'extérieur, par rien d'autre que soi-même. Je n'entendais pas : par rien de ce qui précède l'acte libre dans le sujet libre – mobiles et motifs, raisons et sentiments. Sinon, le libre arbitre étant alors la capacité de se décider sans motif, le choix serait arbitraire, un choix de hasard ; il serait sans rapport avec ma personnalité : ce ne serait pas *mon* choix, et la liberté ne serait pas *ma* liberté.

André Comte-Sponville a bien vu que le libre arbitre ne signifie pas à mes yeux se décider et agir sans cause ou raison, mais être cause de soi *(causa sui)* – notion que, pour sa part, il rejette dans son application à l'être humain (*La matière et l'esprit,* n° 01, avril 2005, p. 65). Bien sûr, un être humain est l'enfant de ses parents. Mais contrairement aux animaux qui n'ont qu'à obéir à ce qu'ils sont, il a *à être.* Or, l'on observe ceci : l'être humain devient ce qu'il devient à la fois à partir des autres et à partir de lui-même, cela dans des proportions variées de l'un et de l'autre. Certains humains ne sont jamais libres de la liberté personnelle, tant ils sont sous l'emprise de leur milieu. La plupart sont à moitié libres, car les autres, le milieu, la société, les influences, les médias, la publicité décident pour eux, eux-mêmes ne faisant que se croire libres. Mais il est des personnalités fortes, des humains créatifs qui existent à partir d'eux-mêmes, traçant à travers les milieux sociaux, les aléas de la vie collective et de l'histoire, les influences et les contraintes, un chemin qui ne ressemble qu'à eux. L'homme non libre, ou à moitié libre, est l'homme collectif. L'homme libre est l'homme créatif. Le premier ressemble à beaucoup d'autres ; le second ne ressemble qu'à lui-même.

LXXI

S'il m'arrive de jouer

S'il m'arrive de jouer avec les idées, c'est alors que je me trouve en meilleure compagnie, j'entends en la compagnie des grands essayistes, Montaigne et Platon.

La métaphysique, contrairement à ce qu'ont cru les philosophes théologiens, est par excellence le domaine de l'essai. Il n'est pourtant rien de plus sérieux que la métaphysique. Le métaphysicien est sérieux, mais en même temps il se moque un peu de son sérieux. L'humour est le fait de jouer à être sérieux. La *Stimmung* fondamentale du métaphysicien de race est l'humour. Le maître de l'humour métaphysique est Platon, non seulement dans les mythes ou les utopies, mais aussi bien dans la deuxième partie du *Parménide*. Nul n'a philosophé avec un plus profond sérieux, mais nul n'a émis autant de réserve sur ce sérieux même.

Lorsque la discipline rigoureuse de l'esprit coupe les ailes à l'imagination, comme en phénoménologie, ou lorsque le respect de l'immense souffrance ou du grand sacrifice empêche la propension à la gaieté, l'humour n'a pas sa place. Mais le lieu par excellence du sérieux dogmatique est la théologie – non que le sérieux théologique ne se trouve pas ailleurs. Nul n'est plus dénué d'humour qu'Auguste Comte. Je n'ai pas rencontré Husserl – j'étais trop jeune – ni Heidegger, mais je ne crois pas qu'ils aient eu beaucoup d'humour, même dans la conversation – au contraire de Kant.

J'ai parlé du clonage. On m'a reproché la façon dont j'en ai parlé. Je n'ai fait pourtant que jouer avec l'idée d'un second « Marcel Conche », en précisant qu'il ne saurait m'être identique, tout comme le Socrate d'un monde stoïcien répétant le nôtre ne pouvait, selon Chrysippe, lui être identique. Cet autre « Marcel Conche » est un mythe. Le clonage est sérieux. Je joue à être sérieux. Deux ou trois lecteurs ont été choqués, ou ont feint de l'être. Pour l'un, ce fut lourdeur d'esprit, pour l'autre, ce fut malice qui, sur un fond de jalousie, a trouvé prétexte pour me clouer au pilori.

J'ai parlé avec sympathie et sérieux, tout en me moquant et de moi et de ce sérieux même, de la commune populaire de Nanjie. Comprendra-t-on que je joue avec l'idée de cette commune idéale comme avec une utopie ? « Je rêve d'aller à Nanjie », ai-je écrit (*Le Nouvel Observateur,* hors série, juillet-août 2005, p. 82).

Platon n'a-t-il pas rêvé d'une République où serait instaurée la communauté des femmes et des enfants ? Je suis communiste, oui, si le communisme est conciliable avec la distance et avec l'humour : communiste en esprit, pragmatique en réalité. Lecteur, s'il te plaît, un peu de légèreté !

LXXII

S'il est un homme de jugement

S'il est un homme de jugement, c'est bien Alexis de Tocqueville – j'entends de jugement politique, non de jugement moral.

Il estime, en 1841, que la France « ne peut songer sérieusement à quitter l'Algérie » (« Travail sur l'Algérie », dans *Œuvres,* « Pléiade », t. I). La guerre a lieu. La France doit la gagner ; elle doit « dominer » et « coloniser » l'Algérie. Le moraliste nie que ce soit une bonne action. L'homme politique, au reste député de Valognes et nationaliste, passe outre à la négation du moraliste. Cependant, rien ne se fera que selon le droit – le « droit de la guerre ». Tocqueville regrette que, pour l'heure, on fasse la guerre « à la manière des Turcs, c'est-à-dire en tuant tout ce qui se rencontre » : « En ce moment, dit-il, nous faisons la guerre d'une manière beaucoup plus barbare que les Arabes eux-mêmes ; c'est, quant à présent, de leur côté que la civilisation se rencontre » (p. 704).

Mais il faut savoir ce que l'on veut. On ne peut vouloir la guerre sans vouloir ce qu'elle comporte : « Je crois que le droit de la guerre nous autorise à ravager le pays, et que nous devons le faire soit en détruisant les moissons à l'époque de la récolte, soit dans tous les temps par ces incursions rapides que l'on nomme razzias, qui ont pour objet de s'emparer des hommes ou des troupeaux » (p. 706). Quelques années après, en 1847, le pays est « pacifié » : « La guerre a renversé toutes les individualités qui pouvaient nous faire ombrage, brisé violemment toutes les résistances que nous avions rencontrées, épuisé le pays, diminué ses habitants, détruit ou chassé en partie sa noblesse militaire ou religieuse » (p. 802). Le pouvoir colonial règne sur les populations des provinces d'Alger et d'Oran par « la profonde terreur qu'il inspire ».

Reste la Kabylie. Une expédition militaire a lieu en mai 1847, alors que le maréchal Bugeaud avait lui-même déclaré à la Chambre : « Les populations de la Kabylie ne sont ni envahissantes, ni hostiles ; elles se défendent vigoureusement quand on va chez elles, mais elles n'attaquent pas » (p. 853). Alors, pourquoi les attaquer ?, demande Tocqueville. Il observe que beaucoup de tribus kabyles se rallient au pouvoir français, que le mouvement pacifique agite même celles qui n'y sont pas encore prêtes, que d'ailleurs le pays, étant déjà très peuplé, est peu propre à la colonisation. Il est sensible aussi – mais sans doute le pouvoir royal l'est moins – au fait que les tribus ont un régime démocratique : « Chez elles, chaque homme se mêle des affaires publiques ;

l'élection y fait sans cesse passer le pouvoir de main en main » (p. 853). L'expédition a lieu. De là une guerre de dix ans, fort sanglante, où les généraux Pélissier, Saint-Arnaud, Randon, Renault, Mac Mahon – et j'en passe – « se couvrirent de gloire ».

J'écris ce second alinéa pour tempérer un peu le jugement que le premier inclinerait à porter sur celui qui a écrit : « On ne peut étudier les peuples barbares que les armes à la main », ajoutant d'ailleurs, pour plus de clarté : « Nous avons vaincu les Arabes avant de les connaître. »

LXXIII

S'il est un titre obscène

S'il est un titre obscène, c'est celui-ci : *Hiroshima mon amour*. Direz-vous le contraire ? Lorsque cela m'est utile, je cite même les psychanalystes. Voici ce qu'écrit Corinne Maier, lacanienne : « L'obscène est une relation entre un objet et l'esprit d'une personne ; chacun apprécie l'obscénité selon sa subjectivité » (*L'Obscène*, Encre Marine, 2004, p. 13). Ainsi chacun est maître de l'objet. L'objet obscène, ici, n'est pas le film, mais seulement le titre. Je n'ai d'ailleurs aucun souvenir du film, ce qui ne laisse pas d'être étonnant, si bonne, en général, est ma mémoire : je ne puis presque plus lire un roman policier de ma bibliothèque, le tout me venant à l'esprit dès les premières pages ; je ne puis plus regarder une cassette de ma vidéothèque, les premières images entraînant aussitôt le défilé de celles qui suivent. Or, les images de ce film se sont si bien effacées – avec, du reste, le nom des acteurs – que je me souviens tout juste que ce doit être un film sur l'amour. Le film lui-même n'est donc pas en cause. Son auteur non plus : *L'Année dernière à Marienbad* fut une des meilleures joies que m'ait données le cinéma.

Il ne s'agit que du titre. Est-il mal choisi ? Non ! c'est bien pire que cela. Mais pourquoi « obscène » ? Le *Petit Larousse* dit : « Obscène : qui blesse ouvertement la pudeur par des représentations d'ordre sexuel. » Ce n'est pas la définition qui convient : la sexualité n'a rien à faire ici. Le *Dictionnaire de notre temps* (Hachette) dit simplement : « Qui offense la pudeur. » Cela convient. Il faut songer à quelque chose comme la pudeur spirituelle ou la pudeur intime dont j'ai parlé au chapitre LXIX. Le *Petit Larousse* précise : « Obscène : qui choque par son caractère scandaleux. » Oui. On entend dire que les extrêmes inégalités économiques et sociales entre les humains ou entre les pays « font scandale ». *Hiroshima mon amour* : il s'agit bien, ici aussi, d'une sorte d'inégalité. D'une part, l'enfer, l'horreur extrême, une masse énorme de souffrance humaine, l'injustice absolue, vis-à-vis des enfants surtout, s'accomplissant, d'autre part, quelque chose d'aussi dérisoire que l'amour entre homme et femme et ses impressions fugitives que les décours du temps effacent ; mais cependant, d'un autre côté, l'infinité vécue de l'amour ardent, et, corrélativement à cet infini, le rien de tout le reste du monde et par là Hiroshima relégué au-delà de la mémoire. Quelle antinomie dans ce titre ! Voulue par l'artiste ? Mais si « l'art consacre et purifie tout ce qu'il touche », c'est « jusqu'à l'obscénité exclusivement », dit Sainte-Beuve. Il est obscène de parler de « son » amour devant une aussi grande catastrophe qu'Hiroshima, devant une aussi furieuse négation de l'amour, devant un traitement de l'être humain aussi mécanique et cruel. Que veut dire mettre en face du dixième cercle de l'*Inferno* de Dante le babil des amoureux ? Cela est disproportion, obscénité pure. Je ne dis pas : immoralité. Sade n'a rien d'immoral. Simplement, il a un goût qui dégoûte. Ma mémoire, choquée par le titre, a été dégoûtée de se souvenir du film.

Fanny a lu ce qui précède. Pour une fois, elle n'est pas d'accord avec moi. Il me paraît intéressant de donner place, ici, à sa façon de voir :

« Lorsque j'ai entendu pour la première fois prononcer le titre d'*Hiroshima mon amour,* mon impression première fut celle d'un soulagement : soulagement quant au fait que le nom si meurtri d'Hiroshima puisse être associé à autre chose qu'à la mort. Espoir, ensuite, que le film vienne confirmer cette première impression. Et c'est ce qu'il fait.

« Aujourd'hui, quand j'entends prononcer *Hiroshima mon amour,* je respire d'un souffle nouveau. Ce titre, souvent, je me le répète plusieurs fois, à voix basse, pour moi-même, jusqu'à en être presque grisée. Car pour moi, oser prononcer ces trois mots à la suite, c'est donner enfin à Hiroshima la chance d'être aperçu sous un nouveau jour, préférable à la nuit dont on l'enveloppe d'ordinaire. Cette nuit, bien sûr, a sa raison d'être : son épaisseur se nourrit du souvenir des morts d'Hiroshima, des blessés, hommes, femmes, enfants, bref, de la souffrance indicible devenue cicatrice indélébile.

« Mais s'interdire de juxtaposer ces deux mots, “Hiroshima” et “amour”, c'est condamner à nouveau Hiroshima, comme si cet endroit ne pouvait connaître que la mort, la destruction, comme si plus rien n'était possible après l'anéantissement. Ce serait, en quelque sorte, donner raison à la mort, lui dire que c'est elle qui a eu le dernier mot puisqu'on n'ose même plus, à côté du nom de ce qu'elle a frappé, faire figurer l' “amour”, qui est force de vie.

« Certes, dans *Hiroshima mon amour,* il y a antinomie, et elle peut être choquante. Cependant, les deux termes de cette antinomie ne sont pas égaux : l'un l'emporte sur l'autre. L'amour l'emporte sur la mort, la communion de deux êtres sur la déchirure, l'avenir sur le passé. Est-ce à dire que l'on “relègue au-delà de la mémoire” ce qui s'est passé à Hiroshima ? Non, car l'amour des deux amants, même s'il le voulait, ne pourrait s'affranchir de la mémoire de ce lieu. »

LXXIV

S'il est des gestes que j'abhorre

S'il est des gestes que j'abhorre, ce sont les gestes de séduction, lorsque j'en suis le misérable objet. Certes, aucune de mes amies ne tombe dans ce travers, quelque tentation qu'elles en aient parfois. Elles savent que vouloir me plaire est le moyen de me déplaire. Car il me suffit qu'elles soient elles-mêmes, comme des navires qui vont leur route, insouciants du regard des terriens. La coquetterie a toujours existé ; je ne pense pas qu'une femme doive avoir nécessairement le désir de plaire, mais en tout cas elle ne doit pas, sauf motif très particulier, avoir le désir de déplaire. Vouloir plaire à quelqu'un implique qu'on l'a déjà choisi ; il ne faut donc pas vouloir lui plaire si on ne l'a pas choisi : sinon, c'est pure coquetterie. Or, la coquetterie ne se justifie jamais par elle seule. Il faut qu'elle ne soit pas que jeu, mais soit au service d'une intention d'amour. Dans la coquetterie, comme trait appartenant à la féminité, cette intention a un caractère général et indéfini ; elle ne se focalise sur quelqu'un que s'il y a eu choix. Mais elle peut faire mine de se focaliser sur quelqu'un et feindre un choix qui n'est pas réel. On a alors une coquette.

Le comportement des coquettes, sans beaucoup m'amuser, ne me révulse pas. Ce que j'abhorre, ce sont ces gestes de séduction dont j'ai parlé. Par là, j'entends ces sortes d'invites lascives dont la mode s'est introduite comme composante de la féminité d'après mai 68. Je dis « mode », car la mode est ce que beaucoup de personnes ne suivent pas. Reste qu'un nombre, variable selon les saisons, de natures féminines croient bon de s'inspirer de ce qu'elles voient faire par telle ou telle, voire de copier une sorte de modèle diffus et implicite. Lorsque je suis, dis-je, de ces gestes, le « misérable objet », je dois dire d'abord que si tant est qu'il puisse y avoir de ma part un quelconque désir, ce désir serait par là dégoûté ; ensuite, je dois à la vérité d'avouer que je ne puis me défendre d'un certain mépris. De ce mépris, j'ai fait la confidence à une amie qui connaît ma nature austère ; elle pensait, m'a-t-il semblé, que celles qui pratiquent les invites lascives – je dis « lascives » plutôt qu' « amoureuses » – s'attendent à provoquer le désir. Ce qu'il en est des autres hommes, je l'ignore. Il est possible que j'aie une propension particulière au mépris de ce qui est abandon aux suggestions de la sensualité, dérive vers l'impudeur, penchant au dévergondage. Je ne participe pas pour rien à l'esprit de Port-Royal.

Cependant, que l'on ne s'y trompe pas : ma réaction à la façon d'être de certaines jeunes filles, ou jeunes femmes, ou femmes jeunes ou qui l'ont été, cette réaction n'est qu'une réponse personnelle qui n'implique aucun jugement moral. Il existe des danses lascives. À les voir, j'y trouverais sans doute un agrément, à condition de ne pas aller jusqu'à l'ennui. Mais je ne les approuve ni ne les désapprouve. Elles sont au-delà du bien et du mal.

LXXV

S'il est des gestes qui demeurent

S'il est des gestes ou des mots qui demeurent dans ma mémoire sous la forme de sortes d'émotions de gratitude, ce sont ceux qui sont signes d'une juste intuition de mon essence immatérielle. Marilyne a sans doute oublié qu'un jour, alors que nous déjeunions – Fanny aussi était là –, voyant mon verre vide, elle m'a soudain, sans rien me demander, versé un doigt de vin, ayant observé que je n'en prenais pas plus en général. Or, ce geste était synonyme d'une amitié forte, qui se disait ainsi beaucoup mieux qu'avec des mots ; et ce qui importe est la spontanéité de ce geste, tout comme imprémédités étaient certains venant de moi, qu'elle a acceptés comme s'ils étaient naturels, étant elle et moi des frères en humanité depuis le fond des âges. Comme j'admire la merveilleuse délicatesse de son âme ! Mais j'admire aussi combien elle est décidée au travail et à vivre courageusement. Fanny, étant allée en vacances dans les Alpes de Haute-Provence, m'a envoyé une carte postale comportant cinq vues de l'Ubaye. Or, m'écrit-elle, « les paysages sont d'une rare beauté et j'ai souvent pensé, en les contemplant, que vous aimeriez les voir ». Ces simples mots n'auraient pas été possibles si Fanny n'avait une très juste compréhension de ma nature morale et l'intuition d'une sorte d'affinité entre ces paysages et moi-même. Du reste, lorsque, dans ma jeunesse, j'étudiais la géographie, l'Ubaye – dont j'ignorais qu'elle tenait son nom d'une rivière – me faisait rêver, à égalité avec Uzès – Uzès où je suis allé, dont je garde un souvenir d'odeurs.

Je songe aussi à ce que m'a dit Mireille récemment, après avoir lu *Philosopher à l'infini* : « Ce livre vous ressemble. » Mireille n'est pas, comme Marilyne et Fanny, une étudiante de 20 ans ; elle est professeur de lettres classiques dans un lycée de Bourg-en-Bresse. Je la rencontre lorsqu'elle vient à Treffort pour se détendre et marcher aux alentours d'une petite prairie qu'elle possède. Son jugement, à propos de *Philosopher à l'infini,* est d'une rare justesse et montre un esprit profond. Dans le Revermont, qui, il est vrai, n'est pas immense, elle est la personne qui, par sa capacité de bien lire et avec générosité, est le plus à même de me comprendre. Saisir ce qui, pour un être humain, compte vraiment, cela seul mène à le comprendre, et Mireille me paraît être sur cette voie : sa foi catholique lui est une aide plutôt qu'un obstacle, même si elle incline peut-être trop à penser que mon incroyance est une autre façon de croire.

LXXVI

Si je meurs maintenant

Si je meurs maintenant, je ne perds pas grand-chose : voilà ce que j'expliquais à Joseph – l'ouvrier maçon qui travaille pour moi. Il ravale le mur qui borde mon enclos le long du chemin du Carrouge (dont la mairie a fait une « rue » afin de pouvoir augmenter l'imposition). Il avait fini sa journée et nous regardions celui de mes deux sapins qui a été foudroyé dans sa partie haute. Je dis que je pensais pouvoir sauver cet arbre en l'étêtant. Il n'était pas mort : la sève montait et l'on voyait des pignes. Je me proposais, dis-je (en plaisantant, mais Joseph ne comprend pas la plaisanterie), de faire le travail moi-même, en m'élevant de branche en branche, muni d'une scie. « À votre âge, ce ne serait pas raisonnable, me dit-il : vous pourriez vous tuer – Et alors ? fis-je, qu'est-ce que je perdrais ? Savez-vous quelle est, dans les pays riches d'Occident, la durée moyenne d'une vie humaine ? Autour de 80 ans : un peu plus pour les femmes, un peu moins pour les hommes. Dès lors, un bébé qui meurt perd quatre-vingts ans de vie, un jeune homme de 20 ans en perd soixante, mais moi qui ai 83 ans, je ne perds rien – Mais la mort est la mort à tous les âges, me dit Joseph – Oui, mais qu'est-ce que la mort ? La mort n'est rien si vous ne considérez pas la vie dont elle vous prive. Or, vivre, chacun souhaite que cela dure longtemps. La mort, donc, vous fait d'autant plus de mal qu'elle vous prive de plus de vie. Malgré mon âge, je puis encore faire des choses intéressantes ou utiles, mais bientôt, quand je serai dépendant d'autrui, peut-on dire que la mort soit encore un mal, puisqu'elle ne m'enlèvera plus qu'une pseudo-vie ? – Je n'avais jamais vu les choses de cette façon, dit Joseph. »

En cet été 2005, l'on se plaint de la sécheresse. Joseph est inquiet. Il a vu à la télévision une émission sur le soleil. Il n'aurait pas une durée de vie aussi longue qu'on l'avait cru : seulement un milliard et demi d'années au lieu de six milliards et demi. Vers la fin, il éclaterait en une énorme boule de gaz brûlant qui deviendrait de plus en plus grosse et dessécherait la terre. Joseph se demande si ce dessèchement n'a pas déjà commencé. Je le rassure tant bien que mal, et lui déconseille formellement de regarder les émissions dites « scientifiques », qui ne font que jeter le trouble dans les esprits et angoisser les gens. « Il ne faut pas croire ce que racontent les savants », lui dis-je.

LXXVII

Si Jean Giono

Si Jean Giono écrit sur l'huile d'olive, autant publier sa lettre. Elle est adressée, de Manosque, à René Duchet, à Nyons, et datée du 24 février 1964. René Duchet me l'a envoyée, jointe à une lettre, le 10 novembre 1986. La voici :

« Cher monsieur, oui, bien sûr, j'accepte d'être président d'honneur de la Confrérie des Chevaliers de l'Olivier (et vous remercie de votre proposition), d'autant que je suis propriétaire de 300 oliviers, que je m'occupe personnellement de la récolte (avec ma femme, ma secrétaire et ma bonne), que je fais faire mon huile sous ma surveillance dans un moulin le plus antique possible et que depuis soixante-dix ans je n'ai jamais consommé que l'huile dont je récolte moi-même les olives. L'huile d'olive est le plus important de mes aliments. J'en emporte avec moi à Paris quand j'y vais. Amicalement à vous. J. Giono. »

À titre de complément, dans une lettre du 9 mars 1964 au même destinataire, je relève cette phrase :

« Je m'arrangerai un jour pour aller à Nyons à l'occasion de vos manifestations pour l'olivier. Je me souviens d'avoir vu de magnifiques vergers d'oliviers en terrasses du côté de Buis-les-Baronnies. Quand j'irai, je vous ferai goûter de mon huile, faite *pour moi,* à la main, à mon goût personnel, une sorte d'huile *sur mesure.* »

Écrivant cela, je pense à vous, bien sûr, cher Dr Jacques Mognetti, et au Dr Jacques Vaujany, qui, après avoir été mes correspondants, êtes devenus mes amis, les meilleurs que j'aie non seulement à Saint-Jean-de-Luz, mais dans tout le Sud-Ouest. Vous m'avez bien des fois, cher docteur, fait l'éloge de l'huile d'olive, et votre souci de ma santé est allé jusqu'à m'en offrir généreusement depuis des années. Et quand arrive le colis émanant de la coopérative oléicole de la vallée des Baux-de-Provence à Maussane-les-Alpilles, je sais que le Dr Mognetti a ajouté à tous ceux dont je lui suis déjà redevable, un nouveau bienfait.

LXXVIII

Si un injustifiable est plus injustifiable qu'un autre

Si un injustifiable est plus injustifiable qu'un autre, ou si, comme la notion même l'indique, il n'y a pas de degré dans l'injustifiable, telle est la question que l'on peut se poser lorsqu'on songe à Auschwitz, d'un côté, à Hiroshima, de l'autre.

Il semble que Hiroshima soit moins injustifiable qu'Auschwitz. Le 6 août 2005 – aujourd'hui – est le soixantième anniversaire du jour où, par la volonté du président américain Truman, la première bombe atomique, dite « Little Boy », tomba sur Hiroshima et pulvérisa la ville et les humains qui l'habitaient. Or, sur les chaînes de télévision, des documentaires-fictions, mêlant les images d'archives et les scènes reconstituées, nous font revivre toutes les étapes par lesquelles, du projet Manhattan à l'expérimentation de la bombe dans le désert, puis aux séances de réflexion quant à l'usage que l'on allait faire de l'engin, une entreprise s'est développée très rationnellement et sans précipitation, avec l'indispensable service après-vente et la bénédiction des scientifiques (dont c'était après tout le jouet), entreprise qui devait bien aboutir à quelque chose puisqu'elle avait coûté deux milliards de dollars. Le but de ces images est de persuader le spectateur que les conseillers du président et le président lui-même ne se sont résolus à anéantir une grande ville et ses habitants que pour des raisons que chacun peut comprendre, et qui eussent pu être les siennes s'il se fût trouvé à leur place, de sorte que toute l'affaire ne remet pas vraiment en question l'*American Way of life* et ses généreux principes. Le bombardement, par l'effet terrifiant qu'il aura, découragera le Japon de continuer la guerre ; il permettra ainsi d'épargner de nombreuses vies de soldats américains et sans doute beaucoup plus qu'il ne coûtera en vies d'hommes, de femmes et d'enfants japonais ; il aura pour effet d'arrêter la guerre avant que les Soviétiques n'aient eu le temps de conquérir la Mandchourie. Les savants atomistes responsables du projet Manhattan, ont eu, pour plusieurs d'entre eux, des enfants et des petits-enfants. Les enfants ont honte de leur père ou le justifient ; les petits-enfants ont honte de leur grand-père ou le justifient (ainsi Jennet Conant, dans *Le Monde* du 5 août 2005). Les mêmes arguments reviennent, et on ne peut les réfuter : il est possible, en effet, que l'invasion prévue du Japon eût fait plus de victimes américaines ou japonaises que les 140 000 morts d'Hiroshima.

Mais il en va comme dans un roman d'Agatha Christie. Il arrive souvent que Hercule Poirot à son ami Japp dise ceci : « Nous avons débuté notre enquête avec une idée préconçue. Mais supposez que l'idée de départ soit fausse et l'affaire change totalement d'aspect. » Or, il est faux de croire que la question de savoir si l'on doit réaliser ou non l'abominable relève de la discussion. Y a-t-il des avantages à atomiser, à réduire en poussière les enfants d'Hiroshima ? Oui, il y en a. Y a-t-il des avantages, si ces enfants échappent à la mort, à les faire vivre, peu de temps ou longtemps, dans des souffrances infernales ? Oui, il y en a. Y a-t-il des avantages à transformer des êtres humains en formes sans visage ? Oui, il y en a. Comme il y a, pour les petits criminels de droit commun, des avantages à tuer. Mais ici il s'agit de grands criminels, de si grands criminels qu'ils deviennent exorbitants à cette catégorie. On les nomme « hommes d'État ». Mais quelle sorte d'« hommes d'État » ? Si j'avais rencontré Truman, j'aurais sans doute songé à ce naufragé qui, abordant en pays inconnu et croyant parler à un homme, s'aperçut que c'était un singe.

Nul n'oserait proposer à France télévision un documentaire-fiction sur la conférence de Wannsee, où l'on verrait Heydrich, Himmler et Eichmann programmer, avec une précision très professionnelle, les différentes étapes conduisant à la « solution finale ». Ceux qui ont voulu Auschwitz se sont placés hors de la commune humanité. Mais ceux qui ont voulu Hiroshima font partie de la commune humanité. Les premiers raisonnent très bien, mais ils ne raisonnent pas comme vous et moi. Les seconds raisonnent aussi très bien, mais ils raisonnent comme vous et moi. On ne saurait se mettre à la place des premiers, mais on se met à la place des seconds, et la question : « Qu'auriez-vous fait si vous aviez été à leur place ? » conduit à leur trouver au moins des excuses.

Là est l'illusion. Car entre toutes les justifications que l'esprit de l'homme peut imaginer et l'horreur absolue, il y a un abîme qu'aucun raisonnement ne peut combler. Aucune fin, si souhaitable soit-elle, ne peut autoriser à réduire en cendres de multiples écoliers japonais pleins de joie de vivre, ou à ne les laisser subsister que comme des corps de souffrance qui agonisent. Certes, un injustifiable n'est pas moins injustifiable qu'un autre. Si absolument rien, bien sûr, ne peut justifier Auschwitz, absolument rien non plus ne peut justifier Hiroshima. Ils sont à égalité, même si l'enfant d'Hiroshima – celui qui n'a pas eu la chance d'une mort immédiate – a un supplément de vie atroce.

Les prétendus « hommes d'État » ne méritent qu'une infinie méfiance. Chrystelle, qui croit à la réincarnation, me dit qu'ils sont la réincarnation de serpents venimeux.

LXXIX

Si un injustifiable est plus sinistre qu'un autre

Qu'Hiroshima soit, au point de vue moral, tout aussi injustifiable qu'Auschwitz, est chose évidente. Mais Hiroshima l'emporte encore sur Auschwitz : il est plus sinistre. *Sinister :* « qui est à gauche », d'où : de mauvais augure, qui présage ou fait craindre quelque malheur.

Avant Auschwitz, et le génocide, fort heureusement non mené à son terme, des Juifs et des Tsiganes, il n'était rien arrivé de semblable, ou du moins rien qui ait ce caractère systématique, techniquement rationnel, et cette ampleur ; après Auschwitz, il y eut Pol Pot et les atrocités commises par les Khmers rouges ; néanmoins, Auschwitz reste sans équivalent, et nul n'a une crainte réelle que quelque chose de tel puisse avoir lieu à l'avenir. Tout au contraire, grande est la crainte d'une prolifération nucléaire qui pourrait entraîner d'autres

Hiroshimas. Auschwitz n'est pas sinistre, car loin de faire présager ou de faire craindre quelque malheur semblable, il exorcise une telle crainte. Auschwitz est au passé. Auschwitz, en effet, est l'objet d'une réprobation universelle, comme si l'humanité s'était fait à elle-même la promesse que cela n'arriverait plus. Une telle promesse n'existe pas pour Hiroshima. Bien des gens justifient Hiroshima par les arguments que j'ai dit, dont la nullité est insaisissable à ceux qui ne veulent penser que politiquement. Par conséquent, il pourra toujours se trouver des gens pour justifier un nouvel Hiroshima. Il faudra employer la bombe pour empêcher une invasion, pour obtenir une capitulation sans conditions, ou simplement pour donner à réfléchir. Auschwitz n'inquiète pas ; certes, ce fut une horreur innommable, mais Heydrich, Eichmann n'étaient pas des individus comme vous et moi : le racisme leur avait lavé le cerveau. Au contraire, regardons les dirigeants politiques actuels : ils se réfèrent tous à de grands et honorables principes ; ils sont présentables : on les reçoit à l'Élysée. Cependant, comme ils sont très semblables à ceux qui ont voulu Hiroshima, lesquels étaient même de grands démocrates, etc., leur belle apparence ne rassure nullement. L'héritage d'Auschwitz est un esprit de précaution et de prudence. L'héritage d'Hiroshima est une angoisse telle que l'humanité n'en avait pas connue jusque-là.

LXXX

S'il est un portrait de femme

S'il est un portrait de femme que j'aime particulièrement, c'est bien celui qu'Agatha Christie trace de Mary Cavendish : « Sa longue et mince silhouette se dessinait contre la vive clarté du soir : l'éclat amorti d'un feu couvant sous la cendre rayonnait dans ses beaux yeux fauves ; elle dégageait une intense tranquillité qui pourtant éveillait l'idée d'un esprit sauvage et indomptable, dans un corps exquisement civilisé » : la cendre, mais aussi le feu ; la tranquillité, mais aussi l'excitation, la passion ; le raffinement, l'éducation, l'élégance, mais aussi l'esprit de liberté d'un être de la nature que l'on n'apprivoise pas, le résultat de ces antinomies étant une telle présence que Mary devient immédiatement le centre qui attire comme un aimant. Un meurtre a lieu. Le repas de famille a lieu aussi. « Mary est assise au bout de la table, gracieuse, sereine, énigmatique. Dans sa robe gris tendre aux ruchés blancs retombant sur ses mains fines, elle est fort belle. Elle ne desserre guère les lèvres et pourtant la grande force de sa personnalité s'impose à tous. » Elle déplaît à son mari, par le compagnon de promenade qu'elle a choisi : « J'en ai assez, lui dit-il, de voir cet individu rôder autour de vous. C'est, du reste, un juif polonais – Une goutte de sang juif n'est pas une mauvaise chose. Cela allège la stupidité de l'Anglais ordinaire », réplique-t-elle d'une voix de glace. Alors, son époux lui saisit le bras : « Mary, êtes-vous amoureuse de lui ? » Elle hésite, et, « tout à coup, passe sur son visage une expression étrange, indéfinissable et pourtant teintée d'une éternelle jeunesse. C'est ainsi qu'aurait pu sourire quelque sphinx égyptien. Elle se dégage doucement de l'étreinte de son mari et lui dit par-dessus son épaule : peut-être ! ».

Syliane, qui se doutait, du reste, de ce que serait ma réponse, m'a demandé si je préférais la vitalité ou la sérénité, entendant par « vitalité » le torrent de montagne, et par « sérénité » le cours d'eau tranquille. La sérénité assure la paix des ménages. Songeons aux premières images du film *Brève rencontre,* et à la paix qui règne dans le salon anglais. La scène respire le bonheur de l'intimité. L'époux fait les mots croisés du *Times,* la jeune femme repose mollement sur un divan et rêve. Or, la vie qui est ardeur, passion, enivrement d'amour, est dans le rêve de la femme – seulement dans le rêve, car la bonne éducation, les bons principes, ont eu raison de la soif ardente, sans doute pas suffisamment ardente, des amants. Il faut le côté dormant de la vie, et j'aime la femme reposante, la bonne épouse, l'amie fidèle, mais je préfère celle qui m'ôte le repos. L'amour calme est une bonne chose, mais qui ne vaut pas les affres de l'amour ardent. Toutefois, je n'entends pas *choisir*. S'il se trouve, malgré tout, que je doive choisir, en ce cas, je choisis le calme, la paix tranquille du ménage et de l'amitié. La réflexion et la raison font taire la préférence intime. Mais il est bon de souffrir d'amour : cela seul peut donner une idée du grand bonheur. Encore faut-il que la femme, par sa beauté intérieure et la délicatesse naturelle de son âme, mérite d'être aimée et donc de nous faire souffrir (l'amour est lié à la souffrance, car, même « heureux », il est soumis à une vérification indéfinie).

LXXXI

Si j'ai pris la défense de sa grand-mère maternelle

Si j'ai pris la défense de sa grand-mère maternelle, qui est témoin de Jéhovah, ce n'est certes pas que je veuille déplaire à Marilyne, mais il faut être juste, et ce n'est pas justice que de ne pas reconnaître un devoir de mémoire à l'égard de toutes les victimes du nazisme, dont les Témoins de Jéhovah. Car les *Bibelforscher,* qui refusaient le service militaire, de travailler pour la guerre et le salut hitlérien, furent parmi les premiers Allemands incarcérés au camp de concentration d'Oranienburg, en 1933. J'ai donné, dans *Écrire, résister* (Encre marine, 2001), l'exemple de la famille Kusserow. Les parents et les onze enfants furent persécutés dès 1933 : « Le père, invalide, perdit sa pension, fut emprisonné, etc. Au printemps 1939, les trois plus jeunes enfants furent enlevés à leurs parents pour être rééduqués. Quant aux autres, certains furent envoyés à Dachau, ou à Ravensbrück avec leur mère, ou dans des pénitenciers ; deux furent exécutés pour refus du service militaire : Wilhem fut fusillé le 26 avril 1940, Wolfgang fut décapité deux ans plus tard » (p. 147).

À Mauthausen, la plupart des objecteurs de conscience étaient des témoins de Jéhovah. On les affublait du triangle violet, comme les Juifs du triangle jaune, les Tsiganes du triangle marron, etc. Or, ils étaient « le seul groupe qui pouvait se faire libérer sur le champ en signant simplement cette déclaration : "Je renonce à mon allégeance aux témoins de Jéhovah, et je ne les servirai plus." Mais peu nombreux étaient les apostats. Étant donné qu'ils esquivaient les combats et les chamailleries entre détenus, et qu'ils traitaient leurs codétenus avec générosité, ils gagnèrent le respect de tous. L'historienne Christine King a remarqué : "Il s'agissait d'une idée totalitaire face à une autre, et les témoins ne se soumettaient pas" » (David Wingeate Pike, *Mauthausen,* p. 44, n. 3). Christine King ne peut s'empêcher de noircir. Mais que veut dire « totalitaire » ? Voyons le *Petit Larousse* : « caractérisé par le totalitarisme ». Et « totalitarisme » ? « Système politique, etc. ». Or, les Témoins de Jéhovah constituent un groupe exclusivement religieux, sans rien de politique.

Pour autant, je ne souhaiterais pas que Marilyne devînt témoin de Jéhovah (je n'ai d'ailleurs rien à craindre). Sa grand-mère lui déconseille d'aller voir le philosophe de Treffort, car les philosophes sont dangereux. Elle vient quand même. Pourtant, sa grand-mère a raison : les philosophes sont dangereux, et je suis même très dangereux.

LXXXII

Si je rêve

Si je rêve, et si l'on entend par rêve « freudien » un rêve qui soit la « réalisation déguisée d'un désir refoulé », mes rêves n'ont rien de freudien.

Il est impossible de faire le récit complet d'un rêve. Voici le récit de l'un de mes rêves de la nuit dernière (du 9 au 10 août) : ce ne peut être qu'un récit sommaire.

Je sais que je suis à Paris. Je suis quelque part sur la rive droite, à la recherche d'une librairie où je puisse me procurer le *Petit Larousse* de poche, pour y chercher un mot précis. Quel mot ? Cela n'apparaît pas dans le rêve. On connaît le *Petit Larousse* illustré. Celui que je cherche ressemble, pour le format et la voluminosité, à l'ouvrage *Écrire, résister* (11 × 16 × 3 cm), publié par Encre marine, mais il est d'un jaune clair, et c'est un dictionnaire.

Je me trouve brusquement sur la rive gauche, dans une rue qui ressemble à la rue de la Paroisse, à Versailles. J'entre dans une librairie-bouquinisterie qui regorge en livres anciens ou d'occasion. Je connais (dans le rêve) le vendeur. La librairie va cesser d'être, je ne sais pourquoi. Un magasin quelconque va-t-il la remplacer ? Je demande au vendeur si les choses vont bien du point de vue financier. Il me rassure. Je désire remercier le libraire pour tout ce que représentait cette librairie et tout ce que je lui dois. Il frappe à une porte au fond du magasin. Le libraire me parle. Je vois derrière lui des étagères de livres. Je le remercie pour tous les services que sa librairie a rendus. Je sors, mais j'ai oublié dans le magasin une sorte de dossier plat, de couleur jaune clair. Je reviens au magasin. Je revois le libraire et je lui dis alors que ma belle-fille le remercie également (j'ai appris récemment que mon ex-belle-fille avait commandé deux exemplaires de *Ma vie antérieure* à Encre Marine). Je repars à la recherche d'un *Petit Larousse* de poche. Je me dis qu'il doit y avoir un rayon « dictionnaires » à la librairie des PUF. J'y vais, mais la librairie est en travaux. Je regarde, de l'autre côté de la place de la Sorbonne, la librairie Vrin. Inutile d'y aller : il n'y a sûrement pas un rayon de dictionnaires courants, c'est une librairie philosophique. Je m'oriente vers la rue Soufflot, où il y avait jadis une excellente librairie d'ouvrages étrangers. Lorsque j'y parviens, ce n'est pas la rue Soufflot, mais une rue pas très large qui s'allonge vers le sud. Je m'y engage. J'admire de beaux immeubles du XVIIIe siècle. Tout le quartier est beau. Je songe au quartier d'une autre ville détruit par les flammes et j'ai pitié (j'ai lu, hier, un article sur la destruction de Nagasaki, mais plutôt que vers Nagasaki, ma pensée se tourne vers l'Espagne ravagée par des incendies). Toujours pas de *Petit Larousse* jaune clair. Je regrette le *Petit Larousse* que j'ai chez moi, dans mon bureau. Tout en marchant, je mange une pâtisserie viennoise. Je me dis que je n'ai pas pris le temps de dîner, ne voulant pas manquer la conférence que Catherine doit donner non pas à la Sorbonne, mais dans un lieu indéterminé, du côté de la Mutualité. Il n'est pas 19 heures. Je me dis que j'ai le temps. Je marche dans cette rue qui va vers le sud. Mais elle se transforme en bouche de métro. Celle-ci devient un très large tunnel qui aboutit à une impasse. Sur les bords, des statuettes, des bibelots, des gens qui les vendent sans doute. C'est une sorte de musée. Je me réveille non pas en ayant faim, mais avec l'impression d'avoir mangé.

Ce rêve, parmi beaucoup d'autres de la nuit passée (car je rêve dès que je m'endors), ne traduit aucun désir « refoulé ». Jadis, j'ai désigné Catherine comme ma « fille d'alliance » (la comparant à ce que fut Marie Le Jars de Gournay pour Montaigne). Elle est professeur de philosophie ancienne à l'Université d'Ottawa, et j'en suis très heureux pour elle. Connaissant l'esprit qui règne dans certaines universités parisiennes, je n'aurais pas la cruauté de souhaiter qu'elle y enseignât. Je serai content de la voir lorsqu'elle viendra en France, mais imaginer un « désir refoulé » serait chercher midi à quatorze heures. Ce rêve est-il un rêve d'échec ? Quel échec ? Hier, j'ai cherché un mot dans mon *Petit*

Larousse, mais j'ai trouvé exactement ce que je cherchais. Dans le rêve, j'éprouve des sentiments : de la gratitude à l'égard du libraire, de la déception lorsque je vois les PUF en travaux, de l'admiration, de la pitié, etc. Tout cela correspond à la vie du rêve, mais n'a rien à voir avec ma vie ordinaire. La vie du rêve est une autre vie.

LXXXIII

Si j'aime converser

Si j'aime converser, c'est plutôt avec les filles (si elles sont sérieuses et point superficielles et si leur maquillage est invisible) qu'avec les garçons, avec les jeunes gens de bonne volonté qu'avec les vieilles personnes donneuses de leçons, avec les femmes généreuses et charmantes (surtout si elles savent rire comme Greta Garbo) qu'avec les hommes contents d'eux et qui pontifient, avec les paysans (s'il se trouve encore des paysans de l'ancien temps) qu'avec des employés jamais contents et qui revendiquent, avec les ignorants qui écoutent qu'avec les savants qui n'écoutent pas.

Joseph, mon ouvrier maçon, a fort bien ravalé le mur de mon enclos le long de la rue du Carrouge. « Je vous recommanderai, lui dis-je : quelqu'un qui sait son métier, du reste un gars du Nord, né à Valenciennes.

— À Denain, rectifie-t-il.

— À Denain ? Alors, le nom de "Villars" doit vous dire quelque chose.

— La rue principale est la rue "de Villars".

— Savez-vous qui était M. de Villars ?

— Un résistant, je crois.

— En effet, le maréchal de Villars fut un grand résistant : le 24 juillet 1712, il résista tellement aux Hollandais qu'il s'empara de leur camp, les balaya, les poussa dans l'Escaut ; et il résista de si belle façon aux Autrichiens venus à la rescousse qu'il les arrêta net par un feu violent de mousqueterie, et les fit battre en retraite, au grand dam du prince Eugène qui lançait des imprécations et déchirait à belles dents ses manchettes de dentelle. Savez-vous qui était le prince Eugène de Savoie et pourquoi il est haïssable ? Il était fils d'Eugène-Maurice de Savoie-Carignan (Carignan, dans les Ardennes) et d'Olympe Mancini, fille de Mazarin, et fut élevé à la cour de Louis XIV. Tenté d'abord par l'état ecclésiastique, il devint abbé. Mais comme il s'ennuyait, il se tourna vers le métier des armes et demanda un régiment à Louis XIV qui le lui refusa, un abbé lui paraissant peu propre et peu préparé au métier de la guerre. Eugène en conçut une haine implacable contre la France et se mit au service des Habsbourg d'Autriche. Bien qu'il se montrât grand homme de guerre contre les Turcs et que, par ailleurs, ses relations d'estime mutuelle avec Voltaire et d'amitié avec Leibniz témoignent de sa culture et de son humanisme, je ne puis l'aimer. Je verrais le château du Belvédère, sa demeure, plutôt à Chambéry qu'à Vienne. Mais je vous ennuie ?

— L'histoire n'est pas ma partie. Mon job est la maçonnerie.

— Pour en revenir à la rue "de Villars", elle devrait s'appeler "rue du maréchal de Villars". Savez-vous qu'à la bataille de Friedlingen, en 1702, qu'il remporta contre le prince de Bade, ce sont les soldats eux-mêmes qui saluèrent leur chef du titre de "maréchal", nomination ensuite ratifiée par Louis XIV ?

— Ma partie, c'est la maçonnerie. Je ne suis pas historien.

— Moi non plus. Je suis philosophe, mais les philosophes doivent s'intéresser à l'histoire. »

— Après cette conversation, je pris contact avec les édiles de Denain et leur suggérai, pour la rue « de Villars », la nouvelle appellation que j'ai dite. Le Conservateur du Musée municipal jugea que c'était une bonne idée, et m'assura que la ville de Denain était consciente de la célébrité qu'elle devait à la grande victoire remportée par le maréchal de Villars, tellement qu'en 2012, pour le troisième centenaire de cette mémorable journée du 24 juillet 1712, une commémoration solennelle et festive était d'ores et déjà prévue. Bien sûr, il faudra inviter des Hollandais, des Autrichiens, peut-être tels ou tels descendants du maréchal de Villars ou du prince Eugène. Mais je ne vois pas pourquoi l'on inviterait des Anglais, puisque l'Angleterre s'était retirée de la coalition l'année précédente.

LXXXIV

Si La Boétie revenait parmi nous

Si La Boétie revenait parmi nous, il verrait que la République dont il rêvait s'est instituée un peu partout en Occident, que l'égalité native des hommes et le fait que nous soyons « tout naturellement libres » sont choses reconnues par toutes les nations civilisées. Rares, s'il en existe, sont les tyrannies où les hommes ne sont pas sous le gouvernement de la loi, mais de la volonté arbitraire d'un seul. Or, d'où vient la puissance du tyran sur les nombreux ? Il « n'a puissance que celle qu'ils lui donnent ». Pour recouvrer leur liberté naturelle, il suffirait que les nombreux cessent d'obéir : car, si on ne « baille » rien aux tyrans, « si on ne leur obéit point, sans combattre, sans frapper, ils demeurent nus et défaits et ne sont plus rien ». Qu'est-ce qui retient les nombreux de faire le choix de la désobéissance ? D'abord, la coutume, qui a plus de pouvoir que la nature et, à la longue, leur fait prendre « pour leur nature » leur état de servitude. Ensuite, la difficulté, voire l'interdiction, où ils sont de s'associer et même de se réunir, de façon que la communication des esprits par la parole orale ou écrite n'ait pas lieu. Puis, la corruption des hommes par des faveurs, des largesses, et leur amollissement par des spectacles, des jeux, des fêtes. En quatrième lieu, la pyramide des intérêts : le tyran « asservit les sujets les uns par le moyen des autres, et comme on dit pour fendre du bois il fait les coins du bois même ». Vient enfin le secours de la religion, une ruse de la tyrannie étant de « se mettre la religion devant pour garde-corps ».

Or, cela étant, La Boétie, regardant de tous côtés dans notre siècle, ne verra une telle tyrannie quasiment nulle part (puisqu'il n'y a pas eu de nouveaux Stalines), et, en même temps, la verra partout – partout où il y a des armées. Car toute armée fonctionne tyranniquement. Ce qui joue d'abord est la force paralysante de la coutume : les hommes sont habitués à obéir, tellement que l'on a vu des soldats commettre les pires abominations parce qu'elles leur étaient commandées. Dès lors que le refus d'obéissance est le renversement de la tyrannie militaire, l'obéissance est le premier devoir du soldat. Le second moyen de la tyrannie est l'isolement des hommes afin de prévenir toute entente entre eux : on peut parler de ce qu'il y a à faire, non du sens de ce que l'on fait ; et l'on ne saurait discuter des ordres reçus. En troisième lieu, quant à la corruption, il faut songer à l'honneur de porter l'uniforme et l'insigne d'un grade, ensuite aux avantages d'honneur (toutes sortes de croix et de médailles dans les différentes armées du monde), aux spectacles (défilés, etc.), aux fêtes et aux cérémonies solennelles avec discours édifiants. Vient ensuite la « pyramide des intérêts », sous la forme de la hiérarchie des fonctions, des dignités et des pouvoirs selon un rapport de subordination : un subordonné, soumis à un supérieur, a lui-même l'avantage d'être le supérieur d'un subordonné. Vient enfin une fausse idée du devoir religieux, qui trompe la conscience. L'équipage du bombardier B 29, qui laissa tomber la bombe « Fat Man » sur Nagasaki, avait été béni par le chapelain de la base de Tinian ; au retour de sa mission, il put se réjouir en toute bonne conscience qu'il y ait « des milliers de Japs en moins », et recevoir des décorations. Quant à Truman, il avait remercié Dieu : « Nous remercions Dieu de nous avoir donné cette arme et nous prions pour qu'il nous guide dans son usage » (d'après *Le Monde* du 9 août 2005). Le degré de fausseté que l'homme peut atteindre est vraiment étonnant.

Or, puisque la servitude est volontaire, il suffira de ne plus vouloir pour qu'elle cesse d'être. Le refus d'obéissance enlève au tyran tout son pouvoir. Mais encore faut-il que ce refus soit unanime, sous peine de n'être pas efficace. Le sera-t-il jamais ? On a reproché à l'auteur du *Discours de la servitude volontaire* de ne pas résoudre le problème qu'il a posé. « Il aurait fallu qu'il indiquât le moyen de n'avoir plus de maîtres », dit

Pierre Leroux. Mais allait-il donner des conseils au peuple pour qu'il n'obéisse plus à son roi ? Ce n'est pas son propos. Il observe seulement que si le tyran se voit refuser l'obéissance, il n'y a plus de tyran. Mais, avec des « si »...

Table des matières

Imprimé en France
par Vendôme Impressions
Groupe Landais
73, avenue Ronsard, 41100 Vendôme
Février 2006 — N° 52 713